CO2-freie Energietechnologien

LOTES-Technologie
HHO-Technologie

Heinrich Reents

Heinrich Reents

ISBN: 151414686X
ISBN-13: 1514146866

Kontakt: heinrich_reents@yahoo.de
Bildvorlage: Stockfresh
Sponsoren: Theos AG www.theos-consulting.de
MOTOTHERM AG
HHO-TEC

Stand: 15. Juni 2015

Heinrich Reents

WIDMUNG

ALLEN KINDERN DIESER WELT, DEN
GEBORENEN UND DEN UNGEBORENEN

ROXANA
JENDRIK
JANIS
CEDRIK
MARIE
MIKA

INHALTSVERZEICHNIS

CO2- freie Energietechnologien

1. Einleitung

Im Buch „**Energie aus Wasser- nur eine Vision?**" habe ich die Frage gestellt: Warum beschäftigt sich in Deutschland keiner mit der HHO-Technologie, die bereits seit 20 Jahren bekannt ist. Stanley Meyer und Prof. Dr. Brown haben ihre Ergebnisse weltweit veröffentlicht. Zahlreiche Patentanmeldungen liegen vor.

Bereits im Jahre 2005 veröffentlichte die Bundesregierung einen Forschungsbericht, der auf die Bedeutung und die Chancen von Brown´s Gas eingegangen ist. Das Argument: „ Das kann nicht funktionieren, denn es werden alle thermodynamischen Gesetze gebrochen.", kann nicht gelten:

Prof. Dr. Brown und viele andere bedeutende Wissenschaftler haben nachgewiesen, dass Brown´s Gas einen fünfmal so hohen Energieinhalt hat wie Benzin, Diesel und Rohöl. Gleichzeitig hat Stanley Meyer nachgewiesen, dass der Wirkungsgrad der von ihm erfundenen Hochfrequenzelektrolyse zu einem dreimal höheren Gasausstoß führt, als die bisher bekannten Elektrolyseverfahren. Er hat dies auch in praktischen Versuchen dokumentiert.

Sein Strandbuggy, der auf einem VW-Käfer-Motor basierte, fuhr mit „Wasser". Er benötigte ca. 1 Liter „Wasser" pro 100 km.

Mit diesen Technologien können wir weltweit weitgehend CO2 frei Wasser mit seinen Derivaten in Elektrische Energie umwandeln. Warum beginnen wir nicht mit der Grundlagenforschung auf diesem Gebiet? Sollte der drohende Klimawandel uns nicht zwingen, alle Optionen einer CO2-freien Energieerzeugung vorurteilsfrei zu erforschen?

Die Energieträger der Zukunft sind Sonne, Wind und Wasser.

Weiterhin sollten wir folgendes bedenken: Die Natur hat im Rahmen der Evolution immer kleinere dezentrale Lösungen bevorzugt. Diese schlossen sich durch Organisation zu größeren Einheiten nach Bedarf zusammen. Diesen Schritt hat die Informatik bereits vollzogen. Es gibt wenige Supercomputer, statt dessen bestimmen Milliarden von Mikrocomputern unser Leben. Sie können sich durch das Internet zu größeren Systemen vereinen. Selbst in unserer Mobilität, dem Verkehr stehen viele dezentrale Lösungen im Vordergrund. So haben wir in Deutschland ca. 55 Mio. Kraftfahrzeuge.

Ist das nicht auch die Zukunft der Energiewirtschaft? **Viele kleine dezentrale Kraftwerke „erzeugen" Strom und Wärme.** Sie können durch das Internet zu virtuellen Kraftwerken zusammen geschlossen werden. Diese Technologie ist hoch flexibel und wird zunehmend wirtschaftlicher.

Weiterhin können wir von der Natur lernen, dass alle Kreisläufe geschlossen sind. Bereits mit der Zeugung des Menschen ist seine Verwendung nach seinem Tod bereits einprogrammiert. Dies gilt ebenso für Pflanzen und Tiere. In der heutigen Energiewirtschaft sind jedoch überwiegend die Kreisläufe offen. Wir produzieren Atommüll und finden keine Möglichkeit des Recycelns, wir nutzen Kohlekraftwerke sowie Gaskraftwerke und zerstören mit dem Kohlendioxid (CO_2) und den Treibhausgasen unser aller Lebensgrundlage.

Im Schwerpunkt des vorliegenden Buches stehen die **LOTES- und die HHO-Technologie**.

Beide Technologien sind aus meiner Sicht eine Revolution. Die Lotes Technologie nutzt die Energie der Abwärme/Restwärme. Die HHO-Technologie setzt die innere Energie des Wassers „frei".

Das Reaktionsprodukt der HHO-Technologie ist alleine Wasser. Es entstehen kein CO_2 mehr und keine klimaschädlichen Gase. Diese Technologie ist beherrschbar.

Es gibt auf der Welt vier Autos, die nur mit Wasser fahren. Das ist alles dokumentiert. Die Autos wurden gefilmt, von Experten besichtigt- in USA, Philippinen, Japan, Australien, Jamaica.

Kurz gesagt, wir können mit der HHO –Technologie und Lotes Technologie

- Heizen,

- Kühlen,

- Produzieren (Schneiden, Härten, Glühen, Wärmen und Kühlen etc.)

- Auto, LKW, Busse fahren,

- Schiffe und Bahnen betreiben.

- Wir ersetzen Atomkraftwerke/ Gas- und Kohlekraftwerke durch HHO-Kraftwerke oder rüsten sie um. Sie erzeugen kein CO2 und andere klimaschädliche Gase mehr.

Wir brauchen nur noch Sonne, Wind und Wasser.

In der Times vom 8.April 2014 konnte man lesen, dass die US-Navy bereits mit Wasser als Antrieb für Schiffe u.a. experimentiert. Wir dürfen nicht mehr warten.

Russland hat allen Forschern das Geld gestrichen, um auf diesem Gebiet Erfahrungen zu sammeln und sie zu publizieren.

Der Markt der HHO-Technologie und der LOTES-Technologie ist genauso groß wie die Airbusindustrie. Auch da bedurfte es zweier mutiger Menschen- eines Franzosen und eines Deutschen.

2. CO2-freie Energietechnologien

Die Weltklimakonferenz hat weitere Fakten und Prognosen veröffentlicht:

Der CO2 Gehalt (Kohlendioxidgehalt) ist in den letzten Jahren weiter angestiegen- auch in Deutschland. (Es sei erwähnt, dass das Jahr 2014 das wärmste Jahr in Deutschland war, seit Beginn der Messungen.)

Wenn wir so weiter machen, wie bisher, dann wird bis zum Jahre 2100 die Temperatur um 6,9 Grad ansteigen und der Meerwasserspiegel um 1,1 m (110 Zentimeter). Die Zahlen wurden von der Asiatischen Entwicklungsbank (ADB) veröffentlicht. Die Analysten berechnen, dass der fortschreitende Klimawandel die Wirtschaftsleistung Südasiens **jährlich** 9 Prozent kosten könnte. Leidtragende einer unveränderten Klimapolitik wären die extremen Armen, die schon heute ihr Leben mit weniger als 1,25 Dollar fristen. (Quelle: Frankfurter Allgemeine Zeitung,

"Klimawandel könnte Südasien in den Ruin treiben", 21.8.2014, S.16)

Derzeit ist der Meerwasserspiegel bereits um 19 cm angestiegen, wie ich bereits im Buch„Energie aus Wasser- nur eine Vision?" berichtete.

Wenn der Meerwasserspiegel weiter ansteigt, dann werden im Jahr 2100, also in ca. 86 Jahren 300-650 Millionen (Mio.) Menschen ihre Heimat verlieren. Zum Vergleich: In der Europäischen Union leben derzeit ca. 500 Mio. Menschen. In Europa insgesamt leben derzeit ca. 800 Mio. Menschen.

Betroffen sind vor allem die Entwicklungs- und Schwellenländer. Ihnen fehlt das Geld, Deiche zu bauen.

So konnte man in der Frankfurter Allgemeinen Zeitung vom 26. September 2014, Seite 22 unter dem Titel "Klimawandel gefährdet Millionen lesen", dass in

- China 50 Millionen Menschen betroffen sind (4% der Bevölkerung), in

- Vietnam 23 Mio. Menschen (26% der Bevölkerung), in

- Japan 13 Mio. Menschen (10% der Bevölkerung), in

- Niederlanden 8 Mio. Menschen (47% der Bevölkerung).

Einige Inselstaaten drohen, vollständig zu versinken wie die Malediven oder die Marshall-Inseln.

Diese Daten wurden von **Climate Exchange**, einer Denkfabrik aus Klimawissenschaftlern veröffentlicht.

Wir erleben gerade, was Flüchtlingsströme bewirken. Wird die Verschärfung des Klimawandels nicht zu sozialen Unruhen weltweit führen?

Wird es einen Zeitpunkt geben des **no return**? Das heißt: Ab diesem Zeitpunkt haben wir es nicht mehr in der Hand? Der Prozess hat sich verselbständigt, er ist nach heutigem Wissensstand unumkehrbar.

Denken wir nur an unsere Generation nach dem Motto, wir werden es schon überleben? Aber die heute geborenen Kinder werden mit Sicherheit davon betroffen sein.

Wir alle haben es doch in der Hand, etwas zu ändern!

Warum konzentrieren wir uns in der Forschung, Entwicklung und dem Betrieb nicht auf CO2 - freie Technologien?

Warum schaffen wir nicht Finanzierungsmodelle, um diese Technologien zu fördern. Bei der Wind- und Sonnenenergie und der Geothermie hat das doch funktioniert.

Haben nicht soziale Unruhen dazu geführt, dass viele Werte unserer Gesellschaft in Frage gestellt werden? Werden die Grenzen des friedlichen Miteinanderlebens nicht weiter hinausgeschoben nach dem Motto: Jeder ist sich selbst der Nächste?

Der Klimawandel ist eine Herausforderung an die Menschheit, ja aber auch an den Einzelnen, an jeden von uns.

Doch lassen wir uns fragen, welche Technologien sind derzeit weitgehend CO2-frei oder CO2-neutral?

Dazu gehören

- Sonnenkraftwerke (Photovoltaik und Solarthermiekraftwerke),

- Windkraftwerke – auf dem Land (on shore) und auf dem Wasser (off shore),

- Geothermiekraftwerke,

- Wasserkraftwerke,

- Gezeitenkraftwerke z.B. St.Malo, Frankreich - man nutzt den Tidenhub zwischen Ebbe und Flut aus,

- Meerwasserströmungskraftwerke - diese basieren auf Turbinen, die im Meer verankert sind und die Strömungsenergie ausnutzen,

- Wasserschlangenkraftwerke - diese nutzen die Wellenbewegungen des Wassers auf der Meeresoberfläche aus,

- auch Atomkraftwerke arbeiten weitgehend CO_2-frei, doch die haben ein riesiges, noch nicht gelöstes Entsorgungsproblem,

- Biogasanlagen der 1. Generation- diese sind klimaneutral. Jedoch benötigen die Biogasanlagen der 1. Generation Nahrungsmittel, wie Mais, Raps, Weizen, Palmöl,

- Biogasanlagen der 2. Generation sind klimaneutral. Diese werden mit Abfallstoffen betrieben.

- Die **LOTES-Technologie** - diese nutzt die Energie der Abwärme/Abgase/Restwärme. Diese Technologie wird in einem gesonderten Kapitel noch detaillierter beschrieben.

- Die **HHO-Technologie**, diese ist CO_2-frei.

Die derzeitigen Fahrzeugantriebe, inklusive der Elektroautos und Wasserstoffautos sind nicht klimaneutral, solange Benzin, Diesel und Gas eingesetzt werden, und der Strom aus Öl, Kohle- und Gas-kraft-

werken „ kommt".

So wird in Deutschland derzeit 49,2% (2013) des Stromes mit Kohlekraftwerken "erzeugt". (Quelle: Energiebilanzen der Bundesrepublik Deutschland 2013)

Weltweit liegt der Anteil der Kohleverstromung bei ca. 70%.

Es ist bewiesen, dass auf der Welt mindestens vier Fahrzeuge nur mit Wasser und seinen Derivaten betrieben wurden. Doch an diese Technologie will keiner glauben, obwohl unabhängige Wissenschafter und unabhängige Forschungsinstitute dies bestätigt haben. Die Ergebnisse sind dokumentiert.

Auch Gasheizungen, Ölheizungen, Kohleheizungen erzeugen Kohlendioxid.

Holzpellet - Heizungen gelten als klimaneutral.

Auch Wärmepumpen verbrauchen Strom oder Gas. Sie sind damit nur klimafreundlich, wenn sie mit Solar- und/oder Windstrom betrieben werden.

Warum investieren wir 21 Milliarden Euro in die Kernfusionsforschung und im Jahr 2013 allein in Deutschland mehr als 500 Mio. Euro in die Erforschung der Atomenergie.

An die überschaubare HHO- Technologie, der "Wassertechnologie" traut sich keiner. Das „Abfallprodukt" ist Wasser. Die aus meiner Sicht noch notwendige Grundlagenforschung wird weniger als 100 Mio. Euro kosten. Dies entspricht dem Jahresverlust eines einzelnen neu erbauten Kohlekraftwerkes z.B. Datteln in Nordrhein-Westfalen oder dem Wert der Ladung **eines einzigen** Öltankers- ich wiederhole **eines einzigen** Öltankers. Zum Vergleich ein modernes Atomkraftwerk kostet mehr als 8 Milliarden Euro. Allein die Umlagerung des Atommülls in Deutschland in der Lagerstätte Conrad kostet mehr als 4 Milliarden Euro.

Der Bundesregierung liegt seit 2005 ein Forschungsbericht vor, der die großen Chancen des Brown's Gas dokumentiert. Der Bericht wurde von unabhängigen deutschen Wissenschaftlern geschrieben.

3. Der Forschungsbericht der Bundesregierung - 2005

Seit langem weiß die Bundesregierung von den Chancen des Brown's Gas. Im Jahr 2005 wurde ein interessanter Forschungsbericht des Bundesministeriums für wirtschaftliche Zusammenarbeit veröffentlicht. Man kann ihn aus dem Internet herunterladen. Es handelt sich um den Bericht E 5001-15.

Er trägt den Titel:

„Zukunftstechnologien für die nachhaltige Entwicklung: Unkonventionelle Ansätze zur Energiegewinnung und Aktivierung biologischer Prozesse. Eine Darstellung und Erläuterung von sechs Erfolg versprechenden Verfahren"

Der Bericht wurde von drei anerkannten Wissenschaftlern verfasst: Marco Bischof, Thorsten Ludwig, Andreas Manthey

Ich zitiere:

„Die im Folgenden vorgestellten unkonventionellen innovativen Energieerzeugungsverfahren könnten zur Grundlage einer neuen dezentralen Energieversorgung werden.

Zu den vielversprechendsten der unkonventionellen Energieerzeugungsverfahren gehören mit Sicherheit die Wasserstoff erzeugenden oder verwendenden Verfahren. Heute gilt die Wasserstoffnutzung als geeignetster Kandidat zur Ablösung der fossilen Energieträger.

Was in den aktuellen Diskussionen oft vergessen wird, ist die Tatsache, dass Wasserstoff lediglich ein Energieträger, nicht eine Energiequelle ist. D.h. dass das Wasserstoffgas zunächst mit Hilfe einer geeigneten Energiequelle erzeugt werden muss.

Dies geschieht heute überwiegend aus fossilen Rohstoffen. Aus diesem Grund erscheint es fragwürdig, wenn heute Wasserstoff und Brennstoffzelle pauschal bereits als „Technologie der Zukunft" gehandelt werden ohne Betrachtung der gesamten Umweltbilanz.

Die Brennstoffzelle ist zwar effizienter als die herkömmliche Verbrennung fossiler Energieträger, doch bei Berücksichtigung der heutigen Wasserstoff-herstellung ist ihre Energiebilanz nicht so positiv, und sie ist immer noch ein beträchtlicher Kohlendioxid-Verschmutzer.

Vor diesem Hintergrund ist die Suche nach effizienterer Erzeugung von Wasserstoff mit geringem Aufwand an Elektrizität, oder noch besser direkter Energieerzeugung aus Wasserstoff ohne Verbrennung, zu verstehen, aus der die hier vorgestellten Verfahren hervorgegangen sind.

Die im Folgenden erläuterten unkonventionellen Wasserstoffverfahren erreichen die gleichen oder bessere Resultate mit viel einfacheren Mitteln, geringerem Aufwand, höherer Effizienz und weiteren Vorteilen.

Besonders interessant ist das „Brownsche Gas", eine nicht explosive Mischung von Wasserstoff und Sauerstoff, die in mancher Wasserstoffanwendung eingesetzt werden könnte."

Soweit das Zitat.

Es sind jetzt 10 Jahre vergangen. In Deutschland wurden bisher keine wesentlichen Ergebnisse veröffentlicht. Da ist doch wohl die Frage erlaubt: Wer, was behindert diese Technologie?

Schweiß- und Lötgeräte, die mit Brown´s Gas betrieben werden, kann man bereits kaufen. Die Preisspanne für derartige Geräte liegt zwischen 1750 Euro und 3000 Euro. Sie benötigen keine externen Gase wie Sauerstoff, Acetylen. Sie benötigen lediglich Strom, Wasser und zum Teil Elektrolyte. Sie können an jeder Haushaltssteckdose betrieben werden (230 V, 10 A).

Es ist schon erstaunlich zu sehen, wie die Flamme, die lediglich eine Temperatur von 138 Grad Celsius hat, an der Berührungsfläche Flamme/externes Material Temperaturen von bis zu 8000 Grad Celsius entstehen lässt.

Wolfram schmilzt. Stahl wird relativ schnell rot glühend. Steine und Nägel, also absolut unterschiedliche Materialien lassen sich sehr schnell verschweißen. Es wird kein Schutzgas benötigt.

Diese Technologie wird bei Goldschmieden bereits eingesetzt. Sie ist wesentlich preiswerter und sicherer als die konventionellen Schweiß- und Lötgeräte. Man sieht: Es funktioniert.

Experten, denen wir diese Technologie vorgeführt haben, waren sehr beeindruckt.

4. Schreiben an unsere Politiker, Energieunternehmen und –verbände

Die Einnahmen aus dem Buch "Energie aus Wasser- nur eine Vision?" verwende ich zur Zeit vollständig, um die Technologie bekannt zu machen.

Dafür danke ich den Lesern und Käufern des Buches. Inzwischen wurden mehr als 100 Bücher den Verantwortlichen in Politik, Wirtschaft, Verbänden u.a. zusammen mit einem persönlichen Anschreiben zugeschickt.

Einige Personen und Institutionen möchte ich erwähnen. Ich habe sie in Gruppen eingeteilt.

Folgende Personen und Institutionen aus der **Deutschen Politik** wurden angeschrieben mit der Beilage des Buches

Bundespolitiker

- unsere Bundeskanzlerin Frau Dr. Angela Merkel (2.Januar 2014).
Es sei angemerkt, dass unsere Bundeskanzlerin eine promovierte
Physikerin ist und auch Bundesumweltministerin war. Sie ist damit eine
Expertin par excellence.

- den Chef des Bundeskanzleramtes, Peter Altemeier (18.Juni 2014).
Es sei erwähnt, dass Herr Altemeier früher unser Bundesumweltminister
war. Er ist also ein Experte.

- den Minister für Wirtschaft und Energie, Vizekanzler, Sigmar Gabriel
(7.Januar 2014). Auch Herr Gabriel war früher Bundesumweltminister.
Er ist also über die Problematik des Kohlenstoffdioxids und seiner
Folgen bestens informiert.

- die Ministerin für Umwelt, Naturschutz, Frau Dr.phil. Barbara
Hendricks (5. Juni 2014)

- die Ministerin für Wissenschaft und Forschung,
Frau Prof. Dr. Johanna Wanka (5. Juni 2014)

Landespolitiker

- den Ministerpräsidenten von Bayern, Herrn Prof. Dr.h.c. Horst
Seehofer (15. Januar 2014)

- die Ministerpräsidentin von NRW, Frau Hannelore Kraft (15. Januar
2014)

- die Ministerin für Innovation, Wissenschaft und Forschung NRW,
Frau Svenja Schulze (15. Januar 2014)

- den Minister für Wirtschaft und Energie NRW, Herrn Garrelt Duin
(4.Juni 2014)

- den Ministerpräsidenten von Baden - Württemberg,
Herrn Winfried Kretschmann (12. Juni 2014). Es sei angemerkt, dass

Herr Kretschmann früher als Gymnasiallehrer die Fächer Biologie, Chemie und Ethik unterrichtet hat.

Die **Fraktionsvorsitzenden der im Deutschen Bundestag vertretenen Parteien**, soweit nicht bereits oben erwähnt, wurden ebenfalls informiert:

- Herr Dr.jur. Gregor Gysi, Fraktionsvorsitzender der LINKEN (15. Januar 2014).

- Frau Dr. Simone Peter, Bundesgeschäftstelle der Grünen (15.Januar 2014)

- Herrn Cem Özdemir, Bundesgeschäftsstelle der Grünen (15.Januar 2014)

Auch den Verantwortlichen in der **Europäischen Union**

- Herrn Günther Oettinger, EU Kommissar, zuständig für Energie informierte ich am 5. Mai 2014. Er weiß mit seinem Team somit, dass Brown´s Gas Erdöl, Kohle, Erdgas, Nuklearenergie ersetzen kann.

Weiterhin informierte ich die **Führungskräfte der bedeutenden Energiekonzerne in Deutschland** wie RWE, E.ON, Vattenfall, ENWB

- RWE, Herrn Peter Terium, Vorstandsvorsitzender (14.8.2014)

- E.ON, Dr. jur. Johannes Teyssen, Vorstandsvorsitzender (18.8.2014)

- Vattenfall, Herrn Tuomo J. Hatakka, Geschäftsführer der Vattenfall GmbH (22.8.2014)

- EnBW, Herrn Dr. Frank Mastiaux, Vorstandsvorsitzender (9.9. 2014)

Darüber hinaus dachte ich mir, dass die **Länder, die am meisten von Gasimporten abhängen**, über die Möglichkeiten des Brown´s Gas informiert werden sollten. So schrieb ich an

- den **Premierminister von Finnland, Herr Alexander Stubb (Ph.d)**
(3. Juli 2014)

- den **Premierminister von Polen, Herrn Donald Tusk** (18. Juli 2014)

- **Herrn Dr. Vitali Klitschko, Bürgermeister von Kiew, Ukraine** (10. Juni 2014)

in Deutscher und Englischer Sprache. Es sei angemerkt, dass alle drei Politiker Deutsch und Englisch sprechen.

Bevor ich die Briefe losschickte, sprach ich mit den persönlichen Assistenten/Assistentinnen dieser wichtigen Politiker. Ich habe bis heute keine Antwort erhalten, obwohl der Winter nahte und die Gasversorgung, insbesondere der Ukraine nicht gesichert ist. Müssen erst Menschen erfrieren?

Die **Medien** (Presse, Internet, Hörfunk, Fernsehen) spielen eine bedeutende Rolle in der Informationsvermittlung. Sie sind unverzichtbare Multiplikatoren. Deswegen schrieb ich an:

- **Herrn Günther Jauch** (3. März, 2014). In seinen Sendungen kann man ihn als mutigen Moderator erleben. Er greift auch unpopuläre Themen auf.

- Den **Chefredakteur des Stern-Magazins,**
Herrn Prof. Dr. rer. pol. Dominik Wichmann (7. Februar 2014)

- den **Chefredakteur des Spiegels**, Herrn Wolfgang Büchner (31. Januar 2014)

- den **Chefredakteur des ADAC**, Herrn Michael Ramstetter (2. Januar 2014)

- den **Chefredakteur von Autobild**, Herrn Bernd Wieland (2. Januar 2014). Autobild gebührt die Ehre, bereits vor mehr als 20 Jahren über Daniel Dingel berichtet und ihn persönlich besucht zu haben.

- Herrn **Prof. Dr., Dr. h.c. Herbert Burda**, Vorsitzender des Vorstandes der **Hubert Burda Media Holding KG** (2. Januar 2014)

- **Frankfurter Allgemeine Zeitung**, Frau Heike Göbel (5. Mai 2014)

Es wurden fast alle Briefe beantwortet- mehr als 95%. Man hat mir viel Glück gewünscht bei der Realisierung dieser Vision.

Nur Geld, um diese Vision zu realisieren, ist offensichtlich nicht vorhanden.

Haben wir Angst vor dieser Technologie?

Weiterhin wurde deutlich, dass vielen der Unterschied zwischen Knallgas und Brown´s Gas nicht deutlich geworden ist. Deswegen habe ich in der aktuellen Fassung des Buches "Energie aus Wasser- nur eine Vision?", den Unterschied zwischen diesen beiden Gasarten noch stärker herausgearbeitet.

Hier noch einmal die wesentlichen Unterschiede:

- Aus einem Liter Wasser lassen sich 933 Liter Knallgas gewinnen

- **Aus einem Liter Wasser lassen sich jedoch 1866 Liter Brown´s Gas gewinnen.**

- Knallgas führt zu einer Explosion (exotherme Reaktion)

- **Brown´s Gas führt zu einer Implosion (endotherme Reaktion)**

- Der Energieinhalt von Brown´s Gas ist fünfmal höher als der von Benzin und Diesel.

- nur durch diesen höheren Energieinhalt des Brown´Gas und der Hochfrequenzelektrolyse von Stanley Meyer ist erklärbar, dass Autos nur mit "Wasser" fahren.

Aus meiner Sicht ist jeder Tag, an dem wir nicht an Kohlendioxid-freien Technologien intensiv arbeiten, ein verlorener Tag.

Mir ist dabei sehr wohl bewusst, dass die Forderung nach CO_2-freien Technologien nur in einem begrenzten Maße realisiert werden kann. So wird zum Beispiel die Stahlindustrie ohne den Einsatz von Kohle Eisen nicht zu Stahl umwandeln können. Dies gilt auch für andere Werkstoffe.

Darüber hinaus wird Stahl auch eingesetzt beim Bau von Windenergieanlagen, Solarkraftwerken, Fahrzeugen, Schiffen etc.

Stahl ist derzeit in unserer Welt ein unverzichtbarer Werkstoff. Er entspricht weitgehend den Forderungen der Recyclierbarkeit.

Weiterhin werden beim Bau von Straßen fossile Energieträger benötigt, man denke zum Beispiel an Asphaltstraßen.

Es lassen sich viele andere Beispiele anführen, doch wird der Anteil dieser Technologien einen Anteil von weniger als 10 bis 20% an den Kohlendioxid-emissionen haben.

Weiterhin wurde mir bewusst, dass die Umweltpolitik in starkem Maße von Frauen mitbestimmt wird. Um einige Namen zu nennen:

Frau Dr. Merkel, unsere Bundeskanzlerin, Frau Dr. Barbara Hendricks, unsere Umweltministerin, Frau Maria Krautzberger, die Leiterin des Umweltbundesamtes, Frau Prof. Dr. Johanna Wanka, die Ministerin für Wissenschaft und Forschung, Frau Hannelore Kraft, die Ministerpräsidentin NRW, Frau Svenja Schulze, die Ministerin für Innovation, Wissenschaft und Forschung NRW, Frau Dr. Simone Peter, die Fraktionsvorsitzende der Grünen im Deutschen Bundestag, Frau Heike Göbel, die verantwortliche Ressortleiterin für Wirtschaft der Frankfurter Allgemeinen Zeitung, Frau Hildegard Müller, Geschäftsführerin des BDEW, des Bundesverbandes für Energie- und Wasserwirtschaft,.......

Es sei erwähnt, dass Frau Hildegard Müller als Geschäftsführerin des BDEW einen erheblichen Einfluss auf die Meinungsbildung in der

Energiewirtschaft hat. Dazu gehört im Übrigen auch der VKU- Verband kommunaler Unternehmen, der durch den Hauptgeschäftsführer Herrn Hans Joachim Reck vertreten wird.

5. Einige Fakten und Annahmen

Viele Antworten auf meine Briefe lassen sich mit einem einfachen Satz umschreiben: Ich kann es nicht glauben.

Da ich selbst Ingenieur bin, reichte ich am 13. August 2014 eine Patentanmeldung beim Deutschen Patentamt in München ein. Diese Patentanmeldung basiert auf der LOTES-Technologie und der HHO-Technologie:

Verfahren und Vorrichtungen zur Erzeugung elektrischer Energie, Wärme, Kälte und Druckluft durch Einsatz von Mischgas, Wasserstoff, Knallgas und Brown´s Gas durch Verwendung von Turbinen und Gasgenerator-, HHO-Generatorsystemen

Eine Ausführungsform dieser Erfindung ist der Range Extender- Reichweitenverlängerer. **Er könnte der Elektromobilität weltweit zum Durchbruch verhelfen.**

Ich möchte alle Ingenieure, Physiker, Materialwissenschaftler, Chemiker, Informatiker, Hochschullehrer, Berufsschullehrer, Lehrer, Erfinder, Unternehmer und Finanzierer aufrufen, ihr Augenmerk auf diese Technologie zu richten. Es gibt sicherlich viele Wege zur Realisierung dieser Vision- Energie aus Wasser.

Die von mir zum Patent angemeldete Lösung wird nur eine Variante sein. Soweit es mir bekannt wird, werde ich alle mir zugesandten Lösungen veröffentlichen. Vielleicht finden wir mutige Menschen, Unternehmen und Wissenschaftler, die unsere Arbeit aktiv- auch finanziell unterstützen.

Als Russland die Bedeutung von Brown´s Gas erkannte, wurden alle Forschungsgelder gestrichen. Den Wissenschaftlern wurde ein

Veröffentlichungsverbot auferlegt.

Der Grund ist ganz klar: Brown´s Gas kann Erdgas, Braunkohle, Steinkohle, Öl, Holz und Atomenergie ersetzen.

Am 8.April 2014 konnte man in der Times lesen, dass die USA mit diesem Mischgas arbeiten und damit Schiffe antreiben wollen. Diese Schiffe benötigen dann nur noch Wasser. Da es sich um ein Projekt des Militärs handelt (NAVY), wurden die internen Verfahren nicht preisgegeben.

Hier passiert dasselbe wie beim Fracking. Die USA entwickeln diese Technologie und nutzen ihren Technologievorsprung aus. Vielen anderen Ländern bleibt dann nur: Take it or leave it - nimm es oder lass es bleiben. Deutschland braucht kein Fracking!

Ich selbst war am Anfang der HHO-Technologie gegenüber sehr skeptisch eingestellt. Mir gaben jedoch folgende Fakten und Annahmen zu denken:

1. Mindestens vier Autos auf der Welt fahren/fuhren mit Wasser und seinen Derivaten.

2. Die Fahrversuche sind in in YouTube und myVideo dokumentiert. Darüber hinaus wurden im Australischen Fernsehen die Fahrversuche von Prof. Dr. Yul Brown gezeigt.

3. Die Fahrversuche wurden von unterschiedlichen Personen in unterschiedlichen Ländern unternommen: Stanley Meyer, USA , Daniel Dingel, Philippinen, Prof. Dr. Yul Brown, Australien, Herr Kiyoshi Hirasawa, Japan, Harlo Mayne aus Jamaica

4. Am 8. April 2014 wurden in der Times die Versuche der NAVY, USA veröffentlicht.

5. Unabhängige Wissenschaftler, wissenschaftliche Institute und Anwälte bestätigten die Fahrversuche.

6. Die renommierte Zeitschrift AUTOBILD hat bereits vor 20 Jahren mit Herrn Daniel Dingel persönlich Kontakt aufgenommen. Mitarbeiter sind mit dem Auto gefahren. Es handelte sich um einen Toyota. Unabhängige Ingenieure aus Deutschland durften die Autos untersuchen.

Folgende Annahmen darf man treffen:

1. Die Herren Stanley Meyer, Daniel Dingel, Prof. Dr. Yul Brown und Kiyoshi Hirasawa kannten sich nach meinem Wissensstand nicht- also konnten sie keinen gemeinsamen internationalen Betrugsversuch unternehmen.

2. Wissenschaftliche Institute und ihre Mitarbeiter bemühen sich um Seriösität.

3. Journalisten recherchieren gründlich und bemühen sich um Unabhängigkeit.

Nach den mir vorliegenden Informationen haben Stanley Meyer, Daniel Dingel, Kiyoshi Hirasawa und Harlo Mayne unterschiedliche Lösungswege beschritten. Ihre Lösungswege werde ich in den folgenden Kapiteln noch detaillierter beschreiben.

Doch nun eine einfache Berechnung: Stanley Meyer fuhr mit einem VW-Buggi mit einem Verbrauch von 1 Liter Wasser/pro 100 km. Der VW-Buggi basierte auf einem Käfermotor. Das Abfallprodukt war Wasser.

Wenn man annimmt, dass dieser Motor eine Leistung von 34 PS hatte und seine Lichtmaschine eine Leistung von 1500 Watt, dann ergeben sich folgende Werte:

- 34 PS entsprechen einer Leistung von 25 KW an der Antriebswelle.

- ein Benzinmotor hat einen Wirkungsgrad von ca. 33%, bezogen auf die eingesetzte Energie. 67% der eingesetzten Energie werden nicht in Antriebsenergie umgewandelt, sondern in Wärme. Dieses Wärmepotential wird weitgehend nicht genutzt, wenn man von der

Heizung des Innenraums absieht. Diese Wärme wird über die Kühlung des Motors, die Auspuffanlage und die Abstrahlverluste des Motors an die Umwelt abgegeben.

Geht man davon aus, dass ein Generator einen Wirkungsgrad von 90% hat, dann wird aus 34 PS, entsprechend 25 KW, eine elektrische Leistung von 22.5 KWel erzielt.

Aus einer Lichtmaschine mit einer elektrischen Leistung von ca. 1,5 KW und einem Liter Wasser als Input erzielte Stanley Meyer als Output eine elektrische Leistung von 22,5 KWel.

Stanley Meyer nutzte nicht die Wärme"verluste" des Motors. Zu der elektrischen Leistung des Motors in Höhe von 22,5 KW ließe sich durch den Einsatz der LOTES Technologie ca. 5 KW zusätzlich erzielen. Die LOTES-Technologie hat die Nutzung der Abwärme/Restwärme im Fokus. Die Temperaturen am Auslassventil des Motors liegen im Bereich von 500 Grad Celsius bis 1000 Grad Celsius bei Benzinmotoren.

Aus einem Input von 1 Liter Wasser und einer Generatorleistung der Lichtmaschine von 1,5 KW-elektrisch, ließe sich damit ein Gesamtoutput von 27,5 KW elektrisch erzielen- ein respektabler Wert.

Dies entspräche einem Output/Input Faktor von ca. 18, wenn man die innere Energie von Wasser nicht berücksichtigt. (An diese innere Energie des Wassers glauben ja nur wenige, obwohl unser Körper die innere Energie des Wassers tagtäglich nutzt.)

Selbst wenn die Outputleistung nur 2 KW elektrisch erreichen würde, müsste die Fachwelt staunen. Das entspräche einem Output/Input Faktor von ca. 1,3.

Der **Output/Input Faktor** setzt die erzielbare Nutzenergie (Output) in Form von Strom, Heizung, Kühlung, Druckluft ins Verhältnis zu der benötigten Primärenergie (Input) in Form von Kohle, Öl, Gas, Benzin, Diesel u.a.

Unsere derzeit verwendeten Kraftwerke und Arbeitsmaschinen erreichen ohne Kraft-Wärmekopplung einen Output/Input Faktor von 0,3-0,4.

Mit Berücksichtigung der Kraft-Wärmekopplung sind Werte bis zu 0,8 erreichbar. Das heißt 80% der eingesetzten Primärenergie wird in Nutzenergie (Strom/Wärme/Kühlung) umgewandelt.

Daniel Dingel, der ein anderes Konzept verfolgte, kam auf ähnliche Werte. Dies gilt auch für Kioshy Hirasawa.

Prof. Dr. Yul Brown brauchte nur 0,25 Liter Wasser pro 100 km.

Damit würden alleine die flüssigen Ausscheidungen des Menschen ausreichen, um den Energiebedarf eines Haushalts für Mobilität, Heizen und Kühlen zu decken. Folgende Annahmen werden getroffen:

- Der Mensch scheidet pro Tag 2 Liter Wasser aus.

- Die Jahresfahrleistung eines Automobils liegt bei ca. 13.000 km/ Jahr, entsprechend 35,62 km pro Tag.

- Der Elektrizitätsbedarf liegt pro Person bei 1-1,5KWel. D.h. Jede Person im Haushalt benötigt weniger als 24 KWh pro Tag.

- Der Raumwärmebedarf (Heizung) liegt ungefähr beim Drei- bis Vierfachen des Elektrizitätsbedarfs- wenn man von Nullenergiehäusern absieht.

Wenn man weiterhin berücksichtigt, dass der Mensch ca. 25 Liter Trinkwasser pro Tag verbraucht, um sein "Geschäft" zu verrichten, dann würde alleine die Wiederaufbereitung des Wassers und seine Umwandlung in Brown´s Gas den Energiebedarf eines Volkes decken inkl. der Sektoren

- Private Haushalte

- Verkehr

- Industrieunternehmen/Dienstleistungsunternehmen.

Damit steht der CO2 freien Energieumwandlung von Seiten der Technik nichts mehr im Wege.

Kriege um Öl, Gas und Kohle gehören der Vergangenheit an.

Sonne, Wind und Wasser sind die alleinigen Primär-Energieträger der Zukunft.

Zeigt dieses Beispiel nicht, wie verschwenderisch wir mit unseren Ressourcen umgehen!

Wie bereits oben erwähnt, ist diese elektrische Leistung der HHO-Technologie **grundlastfähig**, und sie ist **weitgehend CO2-frei. Das Abfallprodukt ist allein Wasser. Der Kreislauf wird geschlossen.** Diese Leistung ist abrufbar, auch wenn die Sonne nicht scheint, und der Wind nicht weht.

Ich möchte an dieser Stelle Herrn Ulrich Sackstedt danken, der mir mit seinem Buch "**Brown´s Gas**" zahlreiche Denkanstöße gab und mir interessante Kontakte vermittelte.

Weiterhin verweise ich auf das Buch von Herrn Andreas von Retyi mit dem Titel "**Energie ohne Ende**".

Herr George Wisemann von Eagle Research (www.eagle-research.com) hat sich intensiv mit Brown´s Gas beschäftigt. Die englischen Ausgaben wurden durch Herrn Lothar Grüner, Pasewalker Str. 103, 13127 Berlin ins Deutsche übersetzt (www.browns-gas.de)

6. Fährt Auto-Deutschland gegen die Wand?

Am 8.10.2014 zeigte das ZDF eine interessante Dokumentation in der Serie ZDF-Zoom. Die Sendung trug den Titel: Fährt Auto-Deutschland vor die Wand?

Uns allen ist bekannt, dass die Marken BMW, Audi, Mercedes Premiummarken sind. Die Fahrzeuge dieser Firmen werden weltweit gekauft. Es sind sicherlich sehr schöne Fahrzeuge, die viele Menschen begeistern.

Der Tenor der Sendung war: Die deutschen Premiumhersteller legen ihr Haupt-Augenmerk auf Verbrennungsmotoren. China verlagert jedoch zunehmend wegen der Luftverschmutzung den Schwerpunkt auf Elektromotoren.

Die Frage war: Verschläft Deutschland diesen Trend?

Es ist eine Tatsache, dass Elektroautos in Deutschland, in Europa nicht auf die Nachfrage stoßen, die man erwartet hatte. Trotzdem haben die Deutschen Firmen Autos, die mit Elektromotoren betrieben werden, entwickelt und auf den Markt gebracht. Sie haben Milliarden Euros in die Hand genommen.

Ich möchte daran erinnern, dass Ferdinand Porsche bereits 1899 das erste Fahrzeug mit Radnabenmotoren (Elektromotoren) entwickelte und der Öffentlichkeit vorstellte (1900).

Er entwickelte es für den Kutschenhersteller Lohner. Das Auto ging unter dem Namen Lohner-Porsche in die Geschichte der Automobiltechnik ein. Das Problem war damals wie heute die begrenzte Batteriekapazität, verbunden mit einer geringen Reichweite. Dieses Auto war damals das erste "Zero-Emission Car" der Welt.

Die begrenzte Reichweite führte dazu, dass wenige Jahre später Ferdinand Porsche das Auto mit einem Verbrennungsmotor kombinierte, der ständig die Batterien nachlud. Das erste Hybridauto mit Elektroantrieb und einem Verbrennungsmotor, der als Range-Extender (Reichweitenverlängerer) arbeitete, war geboren- vor mehr als 100 Jahren.

Weiterhin möchte ich daran erinnern, dass Volkswagen viele Jahre vor Toyota einen Passat mit Hybridantrieb auf dem Markt anbot (1962). Das Auto fand jedoch noch nicht die Marktresonanz, die man erwartet hatte.

Ein Highlight ist sicherlich der BMW I3. Bei diesem Auto verbinden sich Leichtbauweise mit dem Elektroantrieb. BMW hatte den Mut, auch Carbonfasern in die Serienproduktion einzuführen. (Es sei erwähnt, dass BMW auch das erste seriennahe Fahrzeug entwickelte, dass die Energie der Abgase und des Kühlwassers nutzte.)

Doch alle diese Fahrzeuge haben folgende Nachteile:

- Sie sind teuer. Nur wenige Leute können sich ein derartiges Auto leisten.

- Die Batterien haben eine zu geringe Kapazität, so dass die Reichweiten begrenzt sind.

- Die Ladungszeiten sind hoch.

- Die Infrastruktur zum Laden der Batterien existiert noch nicht in dem geforderten Umfang.

- Die Autos sind durch den Einsatz der Batterien sehr schwer im Vergleich zu den Fahrzeugen mit Verbrennungsmotor.

- Die elektromotorischen Antriebe verlagern nur die Emissionen aus den Regionen z.B. Städte in die Regionen/Standorte der Kraftwerke.

- Zieht man die gesamte Kette der "Energieerzeugung" in Betracht von der "Stromerzeugung" in den Kraftwerken bis zur Antriebsmaschine in den Fahrzeugen, dann sind die Gesamtemissionen nahezu gleich hoch mit den Emissionen der Verbrennungsmaschinen.

- Es gibt keinen Wirkungsgradanstieg/ keine Effizienzverbesserung über die gesamte Kette. Das wird sich erst dann ändern, wenn der Anteil der regenerativen Energiequellen zunimmt.

Dazu eine kleine Berechnung:

Ein herkömmlicher Verbrennungsmotor, der mit Benzin betrieben wird, hat einen Wirkungsgrad von ca. 33%. Ein Dieselmotor kommt auf einen Wirkungsgrad von ca.40%.

Ein Kraftwerk erreicht heute Wirkungsgrade von ca. 40%. Der Strom wird über Leitungen zu den Verbrauchern geführt. Das führt zu Leitungsverlusten in der Größenordnung von 5-10% je nach Reichweite.

Ein Elektromotor in dem Kraftfahrzeug erreicht Wirkungsgrade von 90-95%.

Damit ergibt sich ein **Gesamtwirkungsgrad von lediglich 31,5%**- (40%-5%)x 90% = 31,5%

Berücksichtigt man, dass auch bei Benzin und Öl Umwandlungsverlust(von Rohöl in Benzin, Diesel, Wasserstoff)und Transportverluste anfallen, dann sind bei heutigem Energiemix beide Systeme von der Effizienz her gesehen und damit auch von den Emissionen her gesehen gleich. Der Dieselantrieb hat sogar einen leichten Vorteil. Dies liegt an seiner höheren Effizienz.

Erst wenn der Strom aus regenerativen Energiequellen (Sonne, Wind..) gewonnen wird, ergibt sich ein eindeutiger Vorteil für den Elektroantrieb.

Dazu eine kurze Berechnung:

Bei der "Stromerzeugung" aus Sonne und Wind sind nur die Übertragungsverluste und Umwandlungsverluste in Höhe von insgesamt 15% zu berücksichtigen.

Wir kommen damit unter obigen Annahmen auf einen **Gesamtwirkungsgrad von ca. 77%**. (100%-15%)x90%=76,5%

Dies gilt auch für China, denn in China spielt Kohle bei der "Erzeugung von Strom" eine weitaus bedeutendere Rolle als in Deutschland.

Fazit: Die Kohlendioxidemissionen werden sich insgesamt nicht wesentlich verringern, so lange der Energiemix und der Energieverbrauch sich nicht ändern.

Solange dies nicht der Fall ist, ist der Zwischenschritt der Hybridantriebe mit Sicherheit der richtige Weg. Doch diese Hybridantriebe machen die Fahrzeuge teurer und schwerer, denn man benötigt den Verbrennungs- motor und zusätzlich den Elektromotor als Antriebseinheit.

Der Vorteil des Elektromotors ist, dass er bereits bei niedrigen Drehzahlen ein hohes Drehmoment aufbringt, während der Verbrennungsmotor erst bei höheren Drehzahlen ein hohes Drehmoment erreicht- deswegen brauchen wir ja Kupplungen und Getriebe bei Verbrennungsmotoren.

Ein weiterer Zwischenschritt ist der Einsatz von Range-Extendern in Form von Verbrennungsmotoren. Diese Range-Extender kombiniert man mit den Elektromotoren und den Batteriesätzen.

Range-Extender sind Reichweitenverlängerer. Die schalten sich dann ein, wenn die Batterieladung nicht mehr ausreichend ist. Der Opel- Ampera (nahezu weitgehend baugleich mit dem Chevrolet-Volt), BMW I3 und BMW I-6 sind beeindruckende Beispiele.

Den BMW-I3 kann mit und ohne Range Extender kaufen. Audi, VW und Mercedes bedienen inzwischen auch diese Marktsegmente.

Selbst die Elektrofahrzeuge von Renault, haben nicht die Marktdurchdringung erreicht, die man am Anfang von ihnen erhofft hatte.

Toyota ist inzwischen unangefochten weltweit der Marktführer in Sachen Hybridtechnik.

7. Wie wird das Auto der Zukunft in der Antriebstechnik aussehen?

Das Auto der Zukunft hat nur einen elektromotorischen Antrieb. Das können ein oder mehrere Elektromotoren sein. Da der Elektromotor sein Drehmoment über einen hohen Drehzahlbereich nahezu linear entwickelt, wird das Auto der Zukunft keine Getriebe haben und keine Abgasreinigungsanlage.

Als Zwischenspeicher wird man um Batterien, insbesondere im Start- oder Beschleunigungsbereich nicht herumkommen. Aber diese Batteriesätze sind von ihrer Kapazität her kleiner, damit leichter und damit billiger.

Als Range- Extender wird ein System arbeiten, dass als Energieträger lediglich "Wasser" mit seinen Derivaten benötigt. Dieser Range Extender ist in meiner obigen Patentanmeldung beschrieben.

Die Vorteile dieser Autos sind:

- Sie sind preiswerter als herkömmliche Fahrzeuge. Damit können sich viele Leute diese Autos "leisten". Man denke an die weitaus geringeren Einkommen in Schwellenländern und Entwicklungsländern, sowie an die Familien und Personen in Europa, die nicht mit Geld gesegnet sind.

- Das Handling entspricht dem der herkömmlichen Fahrzeuge: Anstatt Benzin, Diesel oder Gas tankt man an den Tankstellen das Produkt "Wasser" mit seinen Derivaten.

- Der Tankvorgang ist nicht zeitintensiv- er entspricht dem heutigen Betanken mit Benzin, Diesel oder Gas.

- Das Gas zum Betrieb des Range- Extenders wird on-board, entsprechend dem Bedarf erzeugt.

- Die Infrastruktur ist bereits vorhanden. So wird zum Beispiel das weniger geliebte Benzin E-10 durch "Wasser" mit seinen Derivaten ersetzt.

- Die Fahrzeuge sind leichter. Dadurch sind hohe Einsparungen realisierbar in allen Segmenten des Fahrzeugs- Bremsen, Karosserie etc.

- Heute vorhandene Baugruppen wie Lenkung, Achsführung, Brems- systeme, Karosseriestruktur mit den bekannten Werkstoffen können übernommen werden.

- Die Fahrzeuge sind weitgehend CO2-frei. Das Reaktionsprodukt ist alleine Wasser.

Da es ja sicherlich viele Bedenkenträger gibt..."das geht nicht, das kann nicht funktionieren"...darauf gibt es eine Antwort...es gibt schon ein solches Auto in der Größe eines Smarts. Es fuhr in Japan und verbrauchte einen Liter "Wasser" auf 80 km.

Am 20. Mai 2015, Seite 18 konnte man in der Frankfurter Allgemeinen Zeitung lesen:

„Für Bosch fährt das Elektroauto aus der Nische". Ich zitiere einen bemerkenswerten Abschnitt:

„Welche Bedeutung der weltweit größte Autozulieferer dem Elektroantrieb zumisst, zeigt Bulanders Vergleich mit dem Dieselgeschäft, in das Bosch einst viele hundert Millionen investierte, bevor der Stuttgarter Konzern als führender Dieselspezialist die Ernte einfahren konnte."

Eine andere Alternative ist es, die Erfindungen von Stanley Meyer und Daniel Dingel neu zu erfinden. Diese Erfindungen basierten auf herkömmlichen Verbrennungsmotoren (VW-Käfer, Toyota,...). Weitere Beispiele findet man im Internet. Auch dies führt zu Kosten- einsparungen

- die Tanks sind bei gleicher Reichweite kleiner- denn wie bereits oben erwähnt, hat Brown´s Gas einen fünf- bis sechsfach so hohen Energiegehalt wie Benzin oder Diesel.

- das Abgassystem kann wesentlich vereinfacht werden, denn das Reaktionsprodukt ist alleine Wasser.

Auch diese Fahrzeuge sind weitgehend CO2-frei.

Für die Bedenkenträger: Auch diese Fahrzeuge gab es schon.

Die Argumente, die ich dann von meinen Lesern höre, lauten: Das will keiner; denn die Steuereinnahmen des Staates werden sinken, die Mineralölindustrie verliert ihre Kunden.

Diese Argumente sind jedoch hinfällig, wenn wir uns vergegenwärtigen:

- Der Staat ist sehr innovativ bei der Erhöhung oder Modifizierung der Steuereinnahmen.

- Die Mineralölindustrie muss ihre Geschäftsmodelle überdenken. Sie kann mit weitaus geringeren Kosten "Wasser" mit seinen Derivaten an den Tankstellen verkaufen. Dieses Geschäft ist weitaus risikoloser als die Förderung von Öl aus den Tiefen der Meere, verbunden mit der Gefahr der Verschmutzung unserer Meere und der Strände.

Eine Frage an uns alle: Haben wir uns schon Gedanken gemacht über die Entsorgung der heute vorhandenen Lithium-Ionen Batterien unter den Aspekten

- Entsorgungskosten

- Folgen für die Umwelt?

Derzeit werden ca. 50 Millionen Fahrzeuge weltweit jährlich gebaut.

8. Der „Mais – Wahn", der Raps-, der Weizen-, der Palmölwahn

Die Konsumenten und die Presse werden immer sensibler. Viele Autofahrer tanken nicht das Benzin E10, weil sie sich nicht beteiligen wollen an der Verknappung der Nahrungsmittel.

Die Menschheit wird wachsen von derzeit ca. 7,5 Milliarden auf mehr als 9 Milliarden **Mitbewohner**. Damit werden die Anforderungen an die Nahrungsmittelproduktion steigen, Ackerflächen werden intensiver genutzt werden- sowohl in der Fläche als auch in der Fruchtfolge und der Bearbeitungsintensität.

Von Betreibern einer Biogasanlage konnte ich erfahren, dass ein Biokraftwerk für eine Nennleistung von 500 KWel eine Anbaufläche von ca. 350 Hektar Mais benötigt. Diese Nennleistung von 500 KWel reicht für etwa 300 Haushalte. Der Vorteil der Biogasanlagen ist, dass sie grundlastfähig sind. Sie können also 24 h- unabhängig von Sonne und Wind- Strom liefern.

In der Sendung im Ersten Programm wurde am 13.10.2014 über den Maisanbau berichtet. Der Titel der Sendung lautete **Der Mais-Wahn** mit dem Untertitel "Eine Pflanze, die Profit und Hunger schafft".

Am Beispiel der USA wurde aufgezeigt, wie durch die verstärkte Verwendung von Mais zur Energieproduktion in den USA, die Preise für Mais in Afrika erheblich ansteigen. Mais ist ein Grundnahrungsmittel.

Es kann doch nicht sein, dass wir mit unserer Energiewirtschaft in den Industrieländern den armen Menschen in den Drittländern die Lebensgrundlage entziehen. Etwas härter formuliert: Uns geht es super, und die Menschen in der Dritten Welt können hungern. Wo bleibt da unsere soziale Verantwortung? Gleichzeitig beschweren wir uns, dass immer mehr Menschen aus der Dritten Welt in die Industrieländer fliehen. Dabei nehmen sie extrem hohe Risiken auf sich.

Fazit: Die Biogasanlagen der ersten Generation, die Lebensmittel Mais, Raps, Weizen und Palmöl zur Energiewandlung in Strom benötigen, können keine langfristige Option sein.

Ganz abgesehen davon, haben unabhängige wissenschaftliche Studien ergeben, dass der Gesamtwirkungsgrad dieser Anlagen über die gesamte Kette relativ gering ist. Man konnte von einem Gesamtwirkungsgrad in der Höhe von 7%- bis 8% lesen.

Die Biogasanlagen der 2. Generation, die nur mit Abfällen (Klärschlamm, Speisereste, Müll etc.) gespeist werden, behalten ihre Daseinsberechtigung.

Der überwiegende Teil der Biogasanlagen setzt Verbrennungsmaschinen ein. Meistens sind es modifizierte LKW-Motoren. Diese Motoren können jedoch auch mit HHO-Gas, z.B. Brown´s Gas betrieben werden. Vorhandene Anlagen können damit umgerüstet werden. Nahrungsmittel werden durch "Wasser" und seine Derivate ersetzt.

Darüber hinaus kann der Wirkungsgrad der Biogasanlagen durch den Einsatz der LOTES-Technologie gesteigert werden. Die LOTES-Technologie nutzt die Abwärme der Anlage zur zusätzlichen Umwandlung in Strom.

Die Auspuffgase der Motoren erreichen Temperaturwerte von 500 bis 1000 Grad Celsius. Das Temperaturniveau des Kühlwassers liegt im Bereich von 80-90 Grad Celsius. Nutzt man anschließend die Restwärme noch zur Prozesswärme, Warmwasserbereitung und Heizung, dann lassen sich Gesamtwirkungsgrade von ca. 80% erreichen.

Diese Wirkungsgrade erreicht weder ein Steinkohlenkraftwerk, noch ein Baunkohlenkraftwerk, noch ein Atomkraftwerk.

Moderne GuD Kraftwerke (Gas und Dampfkraftwerke) erreichen Wirkungsgrade von 60 bis 65%.

Am 3.11.2014 konnte man in den Medien (Frankfurter Allgemeine

Zeitung, Hellweger Anzeiger, dpa) erneut lesen, dass der Meerwasserspiegel inzwischen um 19 cm angestiegen ist und unsere Meere durch den Anstieg von CO_2 versauern.

Hier Auszüge aus dem Synthese Report des Weltklimarates.

"- Die Ozeane haben bislang viel CO_2 aufgenommen und sind dadurch um 26% saurer geworden.

- Voraussichtlich wird der Klimawandel mehr Menschen zu Flüchtlingen machen. Er kann indirekt auch das Risiko gewaltsamer Konflikte erhöhen, indem er Armut und Wirtschaftskrisen verstärkt."

und jetzt kommt es:

- "Effektiver Klimaschutz würde ein angenommenes Weltwirtschaftswachstum von zwei Prozent pro Jahr nur um 0,06 Prozentpunkte vermindern."

9. LOTES-Technologie- Nutzung der Abwärme/Restwärme- Kraft-Wärmekopplung, Wärme-Kraftkopplung

LOTES steht für **Low Temperature Energy Systems**.

Es ist ein System der **Wärme-Kraft-kopplung**. Diese Technologie ermöglicht es, aus der Abwärme auch Strom zu erzeugen. Dies ist eine andere Denkrichtung mit anderen Prioritäten als bei der Kraft-Wärme-Kopplung.

Bei dem Begriff der Kraft-Wärme- Kopplung verfolgen wir einen anderen Ansatz. Wir nutzen die Kraft der Systeme z.B. eines Motors und führen die Abwärme/Restwärme anderen Nutzungsarten zu - von hochtemperaturigen Anwendungen zu niedertemperaturigen Anwendungen. Ein Kunde von mir benutzte den Begriff der

"Wärmeverschiebung". So nutzen wir die Abwärme des Motors zur Heizung.

Ein großer Teil unserer Energie geht derzeit "ungenutzt" in die Umwelt. Wir sprechen von Abwärme, Restwärme. Die Technologie zur Abwärmenutzung ist bekannt. Abwärme kann man umwandeln in

- Strom,

- Prozesswärme,

- Warmwasser,

- Raumwärme.

Die Prozesswärme und Raumwärme kann mit einem relativ geringen Aufwand "genutzt" werden. Diese Abwärme wird durch Wärmetauscher den Verbrauchern zugeführt.

Ottomotoren haben einen Wirkungsgrad von 33%. Damit werden 67% der eingesetzten Energie nicht genutzt. Diese Energie kann man „abnehmen" aus den Auspuffgasen des Motors und aus dem Kühlwasser.

Die Abgastemperaturen eines Ottomotors (Benzinmotor und Gasmotor) liegen im Bereich von 600 bis 1000 Grad Celsius.

Die Abgastemperaturen eines **Dieselmotors** liegen im Bereich von 500 Grad bis 750 Grad Celsius.

Konventionelle Kraftwerke

Zum Vergleich: Unsere großen Kraftwerke werden in Temperaturbereichen von ca. 600 Grad Celsius (Kernkraftwerke) bis 700 Grad Celsius (moderne Braunkohlen- und Steinkohlenkraftwerke) "gefahren". Sie erreichen Wirkungsgrade von 35% bis 42%.

Gas und Dampfkraftwerke (GuD-Kraftwerke) erreichen Wirkungsgrade von ca. 65%. Den hohen Wirkungsgrad dieser GuD-Kraftwerke erzielt man durch die Verwendung von zwei Systemen: Als Erstes wird in der Gasturbine Strom erzeugt, die Abwärme der Gasturbine wird anschließend in einem zweiten System genutzt, um einen Dampfkreislauf mit Energie zu versorgen.

Der Vorteil der Gasturbine ist, dass sie bereits nach wenigen Minuten Strom liefern kann. Sie ist damit hoch flexibel. Diese Gasturbinen basieren auf der Technologie, wie wir sie aus den Flugzeugen kennen.

Darüber hinaus führt der Einsatz von Gas zu geringeren Kohlendioxid-emissionen und Treibhausgasen. Bei mittleren und großen Kraftwerken kann man diese Abwärme nutzen zur Heizung von Fabrikhallen, Officegebäuden und Wohnungen. Man denke z.B. an die Fernheizung (Vorlauftemperatur ca. 140 Grad Celsius).

Man denke jedoch daran, dass im Sommer der Bedarf an Raumwärme nicht vorhanden ist. So wird bei einigen Heizkraftwerken diese nicht genutzte Energie durch externe Kühlanlagen in "die Luft geblasen".

Dies konnten wir beim Heizkraftwerk der Stadtwerke Leipzig sehen. Es wäre technisch möglich, auch diese Abwärme zur "Stromerzeugung" zu nutzen.

Einige Kraftwerke nutzen ihre niedertemperaturige Abwärme (Vorlauftemperatur ca. 50 Grad Celsius) auch im Bereich der Landwirtschaft: Die Abwärme wird über Wärmetauscher dem Boden zugeführt. Dadurch sind zum Teil zwei Ernten im Jahr möglich. Vorreiter auf diesem Gebiet war das Elektrizitätsunternehmen RWE.

Automobile

BMW hat in einem einzigartigen Versuch die Abwärme der mobilen Fahrzeuge zur Stromumwandlung genutzt. Die heutigen Kraftfahrzeuge haben einen zunehmenden Strombedarf (Lüftung, Scheinwerfer, Motorsteuerung, Navigation, Vernetzung mit anderen Fahrzeugen, Internet, ABS-, ESP-Systeme, Servosysteme etc.).

Man arbeitet an elektrischen Bremsen, elektrischer Servounterstützung bei der Lenkung, den Getrieben etc. Das Konzept wurde jedoch nicht weiterverfolgt. Eine Ursache mag gelegen haben in dem Gewicht der Wärmetauscher. Auch der Versuch, die Abwärme mit Peltierelementen (thermoelektrisch) in Strom umzuwandeln, hat sich am Markt nicht durchgesetzt. Die Ursache lag in dem geringen Wirkungsgrad dieser Elemente (kleiner 10%) und den relativ hohen Kosten/Preisen.

Heute macht man sich darüber Gedanken, die Turbolader elektrisch zu betreiben, dann entfallen die so genannten Turbolöcher. Volkswagen hatte diesen Gedanken beim Golf bereits vor Jahrzehnten realisiert.

Diese Technologie hatte sich jedoch damals nicht am Markt durchgesetzt.

Man bedenke, dass im Durchschnitt die Deutschen weniger als 15 000 km im Jahr fahren. Damit wird das Auto in Deutschland im Jahr durchschnittlich nur 300 h bewegt bei einer durchschnittlichen Fahrgeschwindigkeit von 50 km/h. (Meine durchschnittliche Fahrgeschwindigkeit über eine Strecke von 22 000 KM liegt derzeit bei 53,9 km/h im gemischten Fahrbetrieb -Stadt, Landstraße, Autobahn-).

Blockkraftwerke, Blockheizkraftwerke, stationäre Anlagen

Die Argumente des höheren Gewichtes und der geringen Betriebs-stundenzahl gelten jedoch nicht bei stationären Anlagen z.B. den Blockheizkraftwerken (BHKW´s). Davon gibt es derzeit in Deutschland mehr als 7000. Man erwartet eine Steigerung auf 35 000 Blockheizkraftwerke. Für diesen Markt wäre die Umwandlung der Abwärme/Restwärme durchaus wirtschaftlich.

Das Argument der höheren Gewichte durch die Wärmetauscher entfällt weitgehend; denn es handelt sich um stationäre Anlagen.

Blockheizkraftwerke kommen auf Betriebsstunden im Bereich von mehr ca. 8000 pro Jahr. (Quelle:www.ihr-bhkw.de) Sie sind damit grundlastfähig.

Solarkraftwerke, Windkraftwerke, Wasserkraftwerke, Biogasanlagen und Blockheizkraftwerke könnten somit den gesamten Energiebedarf Deutschlands decken. All diese Technologien sind erprobt und derzeit am Markt verfügbar.

Blockheizkraftwerke sind dezentrale Kraftwerke. Sie sind z.B. auch Teile eines Biokraftwerkes der ersten und zweiten Generation. Ihre Motoren basieren auf der Technologie der Otto- und Dieselmotoren. Ottomotoren können mit Gas, also auch Biogas betrieben werden.

Die Motoren sind zum großen Teil LKW-Motoren. Damit wäre es möglich, diese Technologie auch auf LKW´s und Schiffe zu übertragen. So hat z.B. ein Fischerboot an der Ostfriesischen Nordseeküste eine Leistung von 400 PS (294 KW), größere LKW haben Motoren mit einer Leistung von 700 PS (514 KW).

Würde man diese 700 PS (514 KW) mit einem größeren Generator verbinden, dann wäre die elektrische Leistung ca. 488 KW (Annahme: Generatorwirkungsgrad 95%).

Der Wirkungsgrad derartiger Systeme zur "Erzeugung von Kraft und Strom" würde sich beim Einsatz der LOTES-Technologie von derzeit 33-40% auf ca. 50%- 60% erhöhen.

Bei einer Optimierung der einzelnen LOTES- Komponenten wäre im stationären Dauerbetrieb auch eine Wirkungsgraderhöhung auf 70% möglich. Die "übrig gebliebene Abwärme" wäre immer noch ausreichend für Wärmeprozesse wie Heizung, Warmwasser, Trocknungs- und Fermentierungsprozesse. (Annahmen: Dauerbetrieb, Abgastemperatur 600 Grad Celsius)

Mikroblockheizkraftwerke, Nanoblockheizkraftwerke

Hinzu kämen die Mikroblockheizkraftwerke und Nanoblock-heizkraftwerke, die in Ein-, Zwei- und Mehrfamilienhäusern Heizwärme, Warmwasser und Strom "erzeugen". Nanokraftwerke arbeiten im Bereich von 1-2 KWel. Sie kommen überwiegend bei Ein- und

Zweifamilienhäusern zum Einsatz.

Mikroblockheizkraftwerke arbeiten im Leistungsbereich von 2-10KWel.Sie werden bevorzugt bei kleineren Mehrfamilienhäusern eingesetzt. Bei den Nano - und Mikroblockheizkraftwerken gibt es zahlreiche Technologiekonzepte:

Es kommen Ottomotoren, Stirlingmotoren, Brennstoffzellen, Linearmotoren, die mit Dampf betrieben werden, ausgeführt in der Form des Freischwingers zum Einsatz.

Auch Kombinationen zwischen Photovoltaikanlagen, Solarthermieanlagen und Wärmepumpen sind am Markt bereits verfügbar.

Die Konsumenten, die ja letztlich den Markt darstellen, werden entscheiden, welches dieser Konzepte sich langfristig am Markt durchsetzen wird. Entscheidende Kaufkriterien werden sein:

- Baugröße

- Zuverlässigkeit

- Servicefreundlichkeit

- Handling

- Anschaffungs- und Betriebskosten.

Einige Zahlen sind hier erwähnenswert: Wir haben in Deutschland einen Wohnungsbestand von insgesamt 40.057.869 also ca. **40 Mio. Wohnungen.**

Diese Wohnungen verteilen sich auf 17.950.185 Gebäude also **ca. 18 Mio. Gebäude.**

Es gibt 14.884.333 Ein- und Zweifamilienhäuser also ca. **15 Mio. Ein- und Zweifamilienhäuser** mit 19.084.618 Wohnungen also ca. **19 Mio. Wohnungen**.

Diese Ein- und Zweifamilienhäuser haben einen Anteil von **83% am Gesamtgebäudebestand** und 48% am Gesamtwohnungsbestand.

Wir haben in Deutschland ca. 2.706.848 kleinere Mehrfamilienhäuser, also ca. **2,7 Mio. kleinere Mehrfamilienhäuser.** Sie haben einen Anteil von 15% am Gesamtgebäudebestand.

In diesen kleineren Mehrfamilienhäusern sind 17.085.688 Wohnungen, also 17 Mio. Wohnungen untergebracht. Diese Wohnungen haben einen Anteil von **43% am Gesamtbestand.**

Weiterhin haben Ein- und Zweifamilienhäuser einen Energieverbrauch von 172, 3 KWh/ m^2.a also ca. **170 Kilowattstunden pro Quadratmeter und Jahr.**

Kleinere Mehrfamilienhäuser haben einen Energieverbrauch von 144,8 KWh/m^2 a. also ca. **145 Kilowattstunden pro Quadratmeter und Jahr.**

Quelle: " Studie Wohnungsbau in Deutschland 2011". Man findet sie unter www.schlagmann.de

Jedes Jahr werden in Deutschland ca. 600.000 Heizungsanlagen neu installiert. Würden anstelle der Heizungsanlagen jedes Jahr Mikroblockheizkraftwerke und Nanoblockheizkraftwerke mit einer elektrischen Leistung von 1 KW elektrisch installiert, dann wären jederzeit bei einer Vernetzung der Anlagen 600 MW abrufbar. Man spricht hier von **virtuellen Kraftwerken.** Diese Größenordnung entspricht ungefähr der Leistung eines mittleren Kohlekraftwerkes.

(Bei einer angenommenen Lebensdauer der Anlagen von 20 Jahren und einer vollständigen Substitution, sprechen wir also von einer Nennleistung von 12 GW. Dies entspricht der Leistung von 12 größeren Kraftwerksblöcken.)

Mikroblockheizkraftwerke und Nanoheizkraftwerke erreichen mit Hilfe der Kraftwärmekopplung Wirkungsgrade von bis zu 85%. Moderne Kohlekraftwerke erreichen Wirkungsgrade im Bereich von ca. 38 bis

42%. Zu berücksichtigen ist dabei: Diese Leistung wird vor Ort, direkt beim Verbraucher erzeugt und abgenommen. Nur „überschüssiger Strom" wird ins Netz abgegeben.

Im Jahr 2008 gab es in Deutschland **19,1 Mio. Heizungen.** Das Marktvolumen für neue Heizungen betrug im Jahr 2009 **638.100 Heizungen.** Quelle: www.meineheizung.de)

Unter der Annahme, dass alle Wohnungen mit Nanoblock-heizkraftwerken mit einer Leistung von 2 KWel. ausgerüstet sein würden, dann ergäbe sich jederzeit eine abrufbare Nennleistung in Höhe von 38 GWel.

Lastkraftwagen

Die durchschnittliche Fahrleistung eines LKW liegt bei 250 000 km/Jahr. Das entspricht einer Betriebsstundenzahl von ca. 5000 Betriebsstunden pro Jahr. Der Verbrauch der Fahrzeuge würde durch Einsatz der LOTES-Technologie um ca. 20% sinken. Man könnte mit dieser Energie aus Abwärme das gesamte Bordnetz betreiben, den Hybridmotor oder zusätzliche Achsen z.B. im Anhängerbereich. Der Verbrauch eines LKW-Motors liegt derzeit je nach Betriebsart zwischen 30 und 40 Litern Diesel pro 100 km.

Kühlung von Fahrzeugen

Neben dem Antrieb könnte diese Energie auch zur Heizung und insbesondere für die Kühlung verwendet werden. Heutige Kühlcontainer benötigen eine Leistung von ca. 16 bis 30 KW. Die Kühlung erfolgt überwiegend über externe Kühlanlagen, die zusätzlich Energie "verbrauchen".

Öffentliche Verkehrsmittel

Auch öffentliche Verkehrsmittel wie Busse, Schiffe oder Bahnen kühlen die Fahrgasträume. Während dies bei elektrisch betriebenen Zügen bereits heute Standard ist, ergibt sich bei Bussen und dieselelektrisch betriebenen Zügen ein Potential durch die Nutzung der Abwärme der Motoren. Zur Erläuterung: Dieselelektrische Antriebe basieren auf Elektromotoren, die von einem Generator, angetrieben z.B. durch einen Dieselmotor, betrieben werden.

Auch **moderne Kreuzfahrtschiffe** werden von Elektromotoren angetrieben. Diese beziehen den Strom aus konventionellen Verbrennungsmaschinen.

Große Lastschiffe wie Containerfrachtschiffe könnten ihren Energieverbrauch erheblich senken durch die Nutzung der Abwärme der Antriebsmotoren. Es könnten Hybridantriebe zum Einsatz kommen, oder die Versorgung der Stromaggregate an Bord könnte durch die Nutzung der Abwärme sichergestellt werden. Große Containerfrachtschiffe werden überwiegend von langsam laufenden Zweitaktmotoren betrieben. Diese Motoren verwenden in überwiegendem Maße Schweröl und tragen damit erheblich zur Verschmutzung unserer Umwelt bei. Lediglich in Küstennähe wird zunehmend der Einsatz von Gas gefordert. Dadurch sinken die Emissionen.

Prozesswärme, Raumwärme

In Industrie und Gewerbe entfallen, mehr als 70% des Energiebedarfs auf die Prozess- und Raumwärme.(Quelle; Frankfurter Allgemeine Zeitung 21.11.2014,Seite B3,"Die Wärmewende")

Viele industrielle Prozesse haben einen sehr hohen "Energieverbrauch". Man denke z.B. im Bereich der Grundstoffindustrien an die

- Stahlindustrie,

- Aluminiumindustrie,

- Glasindustrie,

- Zementindustrie,

- Chemieindustrie.

Im Bereich der Fertigung gibt es viele Technologien, die einen hohen Energiebedarf haben. Man denke z.B.

- Anlassen

- Glühen

- Härten

- Lackieren

- Warmwalzen (als Beispiel eines Umformprozesses)

- Schmieden (als Beispiel eines Urformprozesses)

- Gießen (als Beispiel eines Urformprozesses)

- Kühlung von Rechenzentren

- Trocknen

- Fermentieren

- Raumwärme

- Warmwasserbereitung

Die Abwärmenutzung in diesen Bereichen entspricht oft nicht dem Technischen Stand. Die Energiekosten könnten erheblich gesenkt werden durch die Nutzung der LOTES- Technologie als ein Beispiel der Kraft-Wärmekopplung.

Je höher die

- die Temperaturen der Abwärme/Restwärme und

- die Betriebsstundenzahlen sind,

desto wirtschaftlicher wird der Einsatz dieser Technologie.

10. Welche Wirkungsgrade lassen sich erzielen?

Heizungs-, Kühl- und Arbeitsprozesse basieren auf dem **Carnot-Prozess**.

Der Carnot Prozess besteht auf folgenden Komponenten:

- **Aufheizer** - Im Aufheizer erhitzt sich das Medium z.B. Wasser. Dabei wird Energie zugeführt. Die Temperatur und der Druck steigen, das Medium nimmt einen anderen Aggregatzustand ein: Es wandelt sich vom flüssigen Zustand in einen dampfförmigen und bei noch höheren Temperaturen und Drücken in einen gasförmigen Zustand.

- **Motor/Turbine/Generator** - Die im Dampf/Gas enthaltene Energie, die durch Temperatur und Druck gekennzeichnet ist, wird in Rotationsenergie/kinetische Energie umgewandelt.

Im Idealfall kann die gesamte Energie in Rotationsenergie/kinetische Energie umgewandelt werden, so dass am Ende der Energieumwandlung das Medium wieder kurz vor der Flüssigkeitsphase steht. Dazu kommen in größeren Kraftwerken Hochdruck-, Mitteldruck- und Niederdruckdampfturbinen zum Einsatz.

- **Abkühler auch Kondensator** genannt - Das Medium, das noch dampfförmig/ gasförmig ist, wird abgekühlt und wird damit wieder flüssig. Das Volumen, der Druck verringern sich.

- **Speisewasserpumpe** - Das flüssige Medium wird wieder zum Aufheizer gepumpt.

Damit ist der Kreislauf geschlossen. Der Vorgang beginnt von Neuem.

Der Carnot-Wirkungsgrad ist der theoretisch maximal erzielbare Wirkungsgrad eines Systems. Der thermische Wirkungsgrad eines Carnot-Prozesses ist definiert

Thermischer Carnot-Wirkungsgrad= 1- Tn/Th

Tn = niedrigste auftretende Temperatur in Kelvin

Th = höchste im Prozess auftretende Temperatur in Kelvin

0 Grad Celsius entsprechen 273 Grad Kelvin.

So entsprechen 20 Grad Celsius=(20 + 273)Kelvin = 293 Kelvin

500 Grad Celsius =(500+273) Kelvin =773 Kelvin.

Nehmen wir das Beispiel einer Abgastemperatur von 500 Grad Celsius, dann entspricht diese Abgastemperatur **Th**= (500 + 273)Kelvin =773 Kelvin.

Nehmen wir weiter an, dass die Umgebungstemperatur 20 Grad Celsius beträgt, dann entspricht dieser Wert dem Tn = (20+273) Kelvin = 293 Kelvin.

Damit beträgt der theoretische thermische Carnotwirkungsgrad 62%.

(1-293/773)= 0,62= 62 Prozent.

Dieser Wert wird in der Praxis nicht erreicht. Als Faustformel multipliziert man diesen Wert mit 0,6 , dann ergibt sich ein erzielbarer thermischer Wirkungsgrad von 37%.

Unter Berücksichtigung dieser Werte ergeben sich folgende Wirkungsgrade

- Temperatur **700 Grad Celsius (=973 Kelvin),** Umgebungstemperatur 20 Grad Celsius (293 Kelvin) ergeben einen theoretischen Wirkungsgrad von 70% und einen praktischen Wirkungsgrad von 42%. Dieser Wert wird von modernen Kraftwerken erreicht.

- Temperatur **500 Celsius (=773 Kelvin),** Umgebungstemperatur 20 Grad Celsius praktischer Wirkungsgrad von 37%. Dieser Wirkungsgrad entspricht dem Wirkungsgrad älterer Kraftwerke.

Im folgenden sind einige Wirkungsgrade beispielhaft aufgeführt:

T-Celsius	Th -Kelvin	Tn-Kelvin	theor.Carnot	prakt. Carnot
700............	973............	293............	70%............	42%
600............	873............	293............	66%............	39,6%
500............	773............	293............	62%............	37%
400............	673............	.293............	44%............	26%
200............	473............	293............	38%............	23%
150............	423............	293............	31%............	18,6%
100............	373............	293............	21%............	13%
50............	323............	293............	9%............	5%

Geothermische Kraftwerke erreichen Wirkungsgrade von 5%-15%. Die Temperaturen am Wärmetauscher liegen im Bereich von 80-130 Grad Celsius.

Wenn wir also davon ausgehen, dass die Abgastemperaturen von Ottomotoren zwischen 600 bis 1000 Grad Celsius liegen und die von Dieselmotoren zwischen 500 und 750 Grad Celsius, dann erkennt man das erhebliche Potential aus der Nutzung der Abwärme/Restwärme.

Berücksichtigt man Wärmetauscherverluste, Turbinenverluste, Generatorverluste, Energieverbrauch für die Speisewasserpumpe, dann ist eine Wirkungsgradsteigerung des Gesamtsystems bei Otto- und Dieselmotoren durch Einsatz der LOTES- Technologie um ca. 20% nicht unrealistisch.

Man bedenke, dass diese Energie überwiegend nicht genutzt wird und damit" kostenfrei" zur Verfügung gestellt wird. Die Abwärme nach der

"Stromgewinnung" ist immer noch ausreichend für die Warmwasser-bereitung und die Raumwärme.

Da Wasser erst bei über 100 Grad vom flüssigen in den dampfförmigen, gasförmigen Zustand übergeht, wird bei niederen Temperaturen nicht Wasser als Medium eingesetzt, sondern andere Medien. Diese Medien kommen zum Beispiel bei Geothermiekraftwerken zum Einsatz.

Auf der Internetseite www.energie-lexikon.info und wikipedia findet man detaillierte Übersichten über die Wirkungsgrade verschiedener Systeme.

11. Ein kleiner Exkurs zum Wasser und zum Elektroauto

Einige interessante Zahlen zum Wasser:

Aus 1 Liter Wasser (1kg) entstehen 1673 Liter Wasserdampf. Dafür wird eine Energiezufuhr von 2257 KJ benötigt.(Quelle Wikipedia).

Am 21.11.2014 konnte man in der Frankfurter Allgemeinen Zeitung, in der Beilage "Verantwortung Nachhaltigkeit" folgende interessante Zahlen lesen:

" Die Stadtwerke Soest rechnen vor: Die Deutschen verbrauchen durchschnittlich 127 Liter Wasser pro Tag. Dabei entfallen allein auf die Toilettenspülung 34 Liter. Ein Drittel des Trinkwasserverbrauchs im Haushalt wird also in der Toilette runtergespült."

Meine Annahmen über 25 Liter Wasserverbrauch für das "kleine Geschäft" sind also damit durchaus realistisch.

Wenn wir also davon ausgehen, dass Stanley Meyer und Daniel Dingel aus einem Input von 1 Liter Wasser und 1 KW einen Output von 20 KW elektrisch erreichten, dann könnte man unter den Annahmen

- Einwohnerzahl Deutschlands ca. 80 Mio. Menschen

- Abwasserverbrauch für das "kleine Geschäft" 25 Liter pro Person pro

Tag

in Deutschland 2000 Gigawatt "Strom erzeugen". Zum Vergleich: Die derzeit installierte Kraftwerksleistung in Deutschland liegt unter 100 Gigawatt. Selbst wenn man nur 1/10 des Outputs erreichen würde, könnte man damit mehr als den gesamten Energiebedarf Deutschlands abdecken.

Seit 2005 ist der Bundesregierung die Bedeutung des Brown´s Gas bekannt. Warum werden keine Forschungen auf dem Gebiet getätigt. Ist es die Dimension? Wir wissen, dass die Kernfusion funktioniert. Letztlich ist die Wasserstoffbombe der Beweis der Kernfusion. Nur eine Frage sei erlaubt: Kennen wir alle Sonnen- und Schattenseiten der Kernfusion? Ich behaupte mal: Wir kennen Sie nicht! Warum investieren wir 21 Milliarden in die Kernfusionsforschung und für die HHO-Technologie ist kein Geld vorhanden?

Weiter war in derselben Beilage unter der Rubrik "Elektromobilität" folgender Text zu lesen:

"Klar ist, nur mit Elektrofahrzeugen kann der Ausstoß von Elektrofahrzeugen im Verkehr langfristig auf null gesenkt werden. Die größte Herausforderung bis dahin ist, den dafür nötigen Strom aus erneuerbaren Energien bereitzustellen. Denn trotz Atomausstiegs ist die Stromerzeugung in Deutschland sehr CO_2-intensiv, wie Florian Hacker vom Öko-Institut sagt. Das heißt, was Elektroautos auf der Straße an CO_2 einsparen, wird vorher bei der Bereitstellung des Stroms verbraucht.

" Wenn man heute das Elektroauto einem konventionellen Auto gegenüberstellt, fällt die CO2 Bilanz noch nicht sehr viel besser aus." sagt Hacker.

Ein Problem ist auch die Batterie. Für die Herstellung werden **Seltene Erden** benötigt. Diese gelten als eines der begehrtesten Rohstoffe weltweit. Ihr Abbau und die Weiterverarbeitung verschmutzt allerdings die Umwelt, hinterlässt radioaktiven Müll und zerstört Landschaften auf der ganzen Welt. In China beispielsweise, wo 95 Prozent aller weltweit bekannten Vorkommen liegen, belasten in dem Ort Baotou bereits tausend Tonnen radioaktiver Abfall und Millionen Liter säurehaltiges Abwasser das Grundwasser und die Landschaft schwer."

Diese Artikel untermauern somit die von mir vorher getroffenen Aussagen.

12. Fragen der Wirtschaftlichkeit- Was darf das Ganze kosten?

Der Vorteil großer Anlagen wird durch die Kostendegression bestimmt: Je größer die Leistung an einem Ort ist, desto geringer sind die Kosten pro Leistungseinheit. Man denke z.B. an größere Kraftwerkseinheiten.

Weitere Kostendegressionen lassen sich erreichen durch eine Erhöhung der Stückzahl. So betragen z.B. die Entwicklungskosten eines VW-Golf ca. 2,5 Milliarden Euro. Erst durch den Verkauf mehrerer Fahrzeuge lassen sich Kostendegressionen auf 15 000 Euro pro Fahrzeug erzielen. Man denke an Solaranlagen, Windenergieanlagen und Blockheizkraftwerke. Je höher die Stückzahl ist, desto höher ist das Rationalisierungs-/Automatisierungspotential, desto geringer sind die Herstellkosten.

Man unterscheidet zwischen

EBIT = Earnings before interest and taxes (Verdienst vor Zinsen und Steuern)

EBITA = Earnings before interest, taxes and allowance (Verdienst vor Zinsen, Steuern und Abschreibung)

(Mir ist aufgefallen, dass bei vielen Investitionsprojekten die Kosten für Zinsen und Abschreibungen nicht berücksichtigt wurden. Oft fehlen auch die Kosten der Wartung, Instandhaltungsrücklage etc.)

Ich nehme an, dass die in der Literatur veröffentlichten Kostenansätze nach dem Bewertungsansatz EBIT aufgestellt wurden. Man weist also die Zinsen und die Abschreibung nicht aus. Deswegen empfehle ich jedem Investor die genaue Prüfung seiner Anlage durch einen unabhängigen Steuerberater, Wirtschaftsprüfer.

So liegen die Anschaffungskosten eines Gaskraftwerkes in der Größenordnung von ca. 800 Euro pro KW, die eines Kohlekraftwerkes bei ca. 1000-1200 Euro pro KW. Hinzu kommen die Betriebskosten für Gas, Braunkohle und Steinkohle und weitere Kostenarten wie Abschreibung, Zinsen, Wartungskosten, Personalkosten, kommunale Abgaben, Rücklagen für Instandhaltung....etc.

Weiterhin müsste man die Kosten der langfristigen Umweltbelastung hinzurechnen. Faktoren wären z.B. neben den Kosten des Klimawandels durch die CO_2-Emissionen und Treibhausgase auch die Kosten für die Gesundheitsbelastung z.B. durch Feinstaub.

Weiterhin müssten die Kosten des Abbaus eines Kraftwerkes mit den Folgekosten hinzugerechnet werden. Ich bezweifle, dass diese Kostenarten in vollem Umfang in den Aufwands- und Ertragskonten der Energieerzeuger zu finden sind.

Die Kosten eines modernen Atomkraftwerkes liegen weit über 8000 Euro pro KW (Kilowatt). Man denke hier an den Bau der Atomkraftwerke in Finnland und Frankreich.

Vor wenigen Tagen konnte man in der Presse lesen, dass in Finnland von einem russischen Unternehmen (Rosatom) ein weiteres Atomkraftwerk gebaut werden soll. Die Neubaukosten des Kraftwerkes sollen im Bereich von 7000-8000 Euro pro KW liegen. Das Atomkraftwerk soll Strom für 50 Euro pro Megawattstunde (MWh) (=5 Eurocent/KWh) liefern. Ähnliche Kraftwerksprojekte mit ähnlichen Kostenansätzen sind in England geplant. (Man beachte: An der Leipziger Strombörse kann man derzeit eine MWh für ca. 31 Euro kaufen= 3,1 Eurocent pro KWh.)

Die ersten Atomkraftwerke wurden inzwischen abgebaut. Die Kosten des Abbaus betrugen ein Mehrfaches der Anschaffungskosten (bis zum

Faktor 4).

Welche Folgekosten ein GAU (Größter anzunehmender Unfall) verursacht, ist derzeit nicht abzuschätzen. Die Hülle des Kraftwerks Tschernobyl muss regelmäßig erneuert werden. Welche langfristigen Schäden haben die betroffenen Menschen in der Region und die Arbeiter zu tragen? Von Missbildungen ist die Rede, die sich über mehrere Generationen fortsetzen können. Die Folgekosten des Atomunfalls in Fukushima in Japan sind derzeit noch nicht absehbar.

Die Kosten der langfristigen Umweltbelastung eines Atomkraftwerkes sind derzeit auch nicht abschätzbar. Weltweit gibt es derzeit kein Endlager für den radioaktiven Müll. Ich erinnere hier an die Halbwertszeit von Plutonium, die mehr als 20 000 Jahre beträgt. Zum Vergleich: Jesus Christus wurde vor ca. 2000 Jahren geboren, das Alte Testament ist ca. 6000 Jahre alt. Die "moderne" Geschichtsschreibung begann vor ca. 8000 Jahren.

Fazit: Bei den heute vorherrschenden Kostenrechnungsansätzen verlagern wir hier also wesentliche Kosten auf nachfolgende Generationen! Kann das unser Ziel sein?

Damit ist Strom aus Atomkraftwerken über alles gerechnet mit Sicherheit die teuerste Art, Energie zu erzeugen- auch wenn die Betriebskosten nach herkömmlicher Rechnung niedrig sind.

Fairerweise müssen wir auch berücksichtigen, dass die volkswirtschaftlichen Kosten der Gas- und Kohlekraftwerke weit über den betriebswirtschaftlichen Kostenansätzen der "Energieerzeuger" liegen.

Hier geht es letztlich um die Frage: Was ist ein Menschenleben wert? Wie viele Todesfälle werden durch die Feinstaubbelastung der Gas-, Steinkohlen- und Braunkohlenkraftwerke verursacht. Wie hoch sind die Umweltbelastungen durch das Quecksilber, dass dieser Kraftwerkstyp in die Umgebung absondert?

"Die winzigen Feinstaubteilchen gelten als krebserregend. Die Weltgesundheitsorganisation sieht in ihnen die Ursache für 350 000 vorzeitige Todesfälle in Europa, davon 47.000 in Deutschland.

Neben Lungenkrankheiten werden auch Herzinfarkte, Frühgeburten und Thrombosen mit Feinstaub in Verbindung gebracht." (Quelle: Frankfurter Allgemeine Zeitung (FAZ)vom 27. Nov.2014, S. 21, veröffentlicht unter dem Titel "Zu viel Feinstaub in Deutschland".) Es ist nicht erwähnt, ob es sich um insgesamt 47 000 Todesfälle bisher insgesamt oder pro Jahr handelt.

Zum Vergleich: Es werden jedes Jahr in Deutschland offiziell ca. 100.000 (Stand 2014) Kinder abgetrieben- also durchschnittlich 274 pro Tag-. Wer kümmert sich intensiv um diese Kinder? Auch sie haben ein Recht auf Leben. (www.tabuanna.blog.de). Ich verweise auch auf das Buch "TABU- Anna möchte leben".

Ohne Berücksichtigung der oben genannten volkswirtschaftlichen Kosten wurden folgende Stromgestehungskosten ermittelt. Stromgestehungskosten sind die Herstellkosten pro Arbeitseinheit, also pro KWh .(Quelle: Fraunhofer Institut ISE "Stromgestehungskosten erneuerbare Energie Nov.2013"):

Kleine Photovoltaikanlagen................... 8   - 14 Cent pro KWh

Freistehende Photovoltaikanlagen.........8 - 11   "

Windenergie - on shore also auf Land.. 4,5 - 8

Windenergie- off shore also im Meer.. 12 - 19

Biogas................................. 13 - 21

Braunkohle................................3,9 -   5

Steinkohle...............................   7 - 8

GUD (Gas und Dampfkraftwerke auf.. 7,5 - 8,4

Erdgasbasis)

Man bedenke: Die Endkunden zahlten im Jahr 2013 durchschnittlich 28,9 Cent pro KWh.

Diese Statistik zeigt, dass Braunkohlenkraftwerke derzeit am kostengünstigsten Strom produzieren. Die CO_2 -Zertifikate haben keinen großen Effekt auf den Preis, da sie preisgünstig am Markt zugekauft werden können. (Am 11. Dezember 2014 betrugen die Kosten für ein Emissionszertifikat pro Tonne CO_2 6,65 Euro. Quelle: www.eex.com.de)

Deswegen halten RWE und Vattenfall an der Stromerzeugung aus Braunkohle fest. Die volkswirtschaftlichen Kosten finden ja in der Kalkulation keine Berücksichtigung wie - Verschandelung der Landschaft, Zwangsumzug der Dorfbewohner -.

Es muss angemerkt werden, dass sich Vattenfall derzeit von den Braunkohlenkraftwerken in den neuen Bundesländern trennen will und seinen Schwerpunkt ausschließlich auf erneuerbare Energie legen will.

E.ON plant offensichtlich einen ähnlichen Weg. E.ON möchte seine Kraftwerkskapazitäten aus Atomkraftwerken und Kohlekraftwerken in eine gesonderte Gesellschaft auslagern. Wird diese Gesellschaft finanziell stark genug sein, die Folgekosten zu tragen?

Doch wer liefert Strom- wenn die Sonne nicht scheint und der Wind nicht weht?

Das Arbeitsplatzargument gibt sicherlich auch zu denken: So sind z.B. in Brandenburg 3000 Arbeitsplätze gefährdet.

Doch würden nicht viel mehr nachhaltige Arbeitsplätze entstehen, wenn die Produktion neuerer alternativer Technologien in diesen beiden Ländern NRW und Brandenburg angesiedelt würde? Für diese Technologien gibt es einen weltweiten Markt (LOTES- und HHO-Technologien). Würden darüber hinaus nicht neue Arbeitsplätze entstehen durch den Tourismus? Denn die Flutung der Tagebaue und Rekultivierung der Landschaft würden die Region attraktiv machen für Besucher.

Berücksichtigt man, dass man an der Strombörse in Leipzig (www.eex.com.de) am 11. Dezember 2014 Strom bereits für einen Preis von 29,77 Euro/MWh =3,0 Eurocent pro KWh beziehen kann, dann erkennt man, dass auf dieser Preisbasis weder Braunkohlenkraftwerke, Steinkohlenkraftwerke, GUD Kraftwerke, noch Atomkraftwerke derzeit wirtschaftlich arbeiten können.

Die neuen Energieträger rechnen sich nur, da wir - Konsumenten- sie in hohem Maße unterstützen, subventionieren.

(Am 11.12.2014 wurde um 17 Uhr eine Leistung 50,05 GW Strom aus konventionellen Kraftwerken angeboten und 22,17 GW aus Windenergie, der Beitrag der Sonnenenergie betrug 0. **Damit wurde eine Leistung von insgesamt 72,22 GW angefordert.** Quelle: www.transparency.eex.com

Der Preis für ein Emissionszertifikat für 1 to CO2 betrug am 11.12.2014 6,65 Euro. Quelle: www.eex.com.de)

Erst wenn man die HHO-Technologie einsetzen würde, wäre ein wirtschaftlicher Betrieb der konventionellen Kraftwerksarten, also insbesondere der GUD-Kraftwerke möglich. Die bereits vorhandenen Kraftwerke müssten auf HHO-Gas umgerüstet werden.

Denn wir brauchen umweltfreundliche, grundlastfähige Kraftwerke. Wir brauchen auch Strom, wenn der Wind nicht weht, und die Sonne nicht scheint.

Es wäre sogar überlegenswert, neuere Braunkohlen- und Steinkohlenkraftwerke auf HHO-Gas umzurüsten. Dazu bedarf es der Forschung.

Da es derzeit kein HHO-Gas Kraftwerk gibt, können derzeit keine gesicherten Kostenansätze in Betracht gezogen werden. Internationale Veröffentlichungen weisen jedoch auf eine Ersparnis von ca. 30% hin.

Dabei wird das HHO-Gas zusammen mit dem Treibstoff Kohle, Gas in den Brennraum eingebracht. Dies würde auch zu einer CO_2 Reduktion in der Größenordnung von 20- 30% führen.

Warum wagen wir nicht solche Versuche?

Ein reines HHO-Kraftwerk würde nur noch "Wasser" "verbrauchen". Es entstehen kein CO_2 und andere Treibhausgase. Offensichtlich haben die großen Konzerne Angst vor Modellversuchen in Deutschland. Einige Experten haben einem bedeutenden Energieversorger einen Modellversuch angeboten. Ich selbst konnte an einem derartigen Gespräch teilnehmen.

Er wurde abgelehnt!!!! Das Risiko wäre zu groß. Nur zur Information: Die Kosten eines Modellversuches lagen unter einer Million Euro. Zeugen können jederzeit benannt werden.

Damit wäre der Einstieg gegeben für eine CO_2 Reduktion der vorhandenen Braunkohlen- und Steinkohlenkraftwerke um zunächst 30% mit dem Ziel einer Reduktion um 100%.

Weiterhin ist erkennbar, dass Biogasanlagen relativ kostenintensiv sind. Die Kosten pro Einheit sind fast doppelt so hoch wie bei GUD-Kraftwerken. Nur der Einsatz der öffentlichen Förderung macht Biogasanlagen wirtschaftlich.

Bei Windenergieanlagen, die off- shore also im Meer betrieben werden, ist mittelfristig mit einem Lerneffekt zu rechnen, d.h. ihre Kosten pro Einheit werden sinken und sich zumindest den Kosten der Windenergie im Lande (on- shore) annähern. Auch die Preise für Photovoltaikanlagen (PV-Anlagen) werden weiterhin sinken.

13. Eine Kostenrechnung für die LOTES-Technologie bei Lastkraftwagen und Blockheizkraftwerken

Bei der LOTES-Technologie sprechen wir von einer Kraft-Wärme- Kraft Kopplung. Wir „erzeugen" also aus der Abwärme/Restwärme Strom.

Ein LKW fährt durchschnittlich 250 000 km/ Jahr. Bei einer Durchschnittsgeschwindigkeit von ca. 50 km/h kommt er auf ca. 5000 Betriebsstunden.

Größere Lastkraftwagen haben eine Motorleistung an der Antriebswelle von ca. 500 KW (ca. 700 PS). Sie haben einen Verbrauch von 35 bis 40 Liter pro 100 km.

Bei einem Dieselpreis von ca. 1,30 Euro pro Liter, einem Verbrauch von 35 Litern pro 100 km und einer Jahresfahrleistung von 250000 km/Jahr, kommen wir auf Treibstoffkosten in Höhe von (250 000 km/Jahr x 35 Liter/100km x 1,30 Euro/Liter= 113.750 Euro/ Jahr also

ca. 115 000 Euro pro Jahr.

Eine Ersparnis in Höhe von **20%** würde diese Kosten um **23 000 Euro pro Jahr pro LKW reduzieren**. Bei einer Amortisationszeit von 3 Jahren, dürfte ein LOTES System für LKW´s nicht mehr als **69 000 Euro** kosten.

Geht man von einer Effizienzerhöhung von **30%** aus, würden sich diese Kosten um **34 500/Jahr** reduzieren. Bei einer angenommenen Amortisationszeit von 3 Jahren wäre damit ein Preis in Höhe von **103.500 Euro** am Markt wirtschaftlich gerechtfertigt. (Zur Erläuterung: Ein Motor mit einer Leistung von 500 KW an der Antriebswelle, entsprechend 475 KWel hat bei einem Wirkungsgrad von 40% (Dieselmotor) eine thermische Leistung von (500kW/40%= 1250 KW), die nicht genutzt wird. Diese Leistung verpufft derzeit. Der überwiegende Teil wird über den Auspuff an die Umwelt abgegeben, ein weiterer wesentlicher Teil über die Kühlung und ein kleinerer Teil über die Strahlung des Motorkörpers.)

Als weiteres Beispiel möchte ich **größere Blockheizkraftwerke (ab 2000 kW-Nennleistung)** näher betrachten. Wie ich bereits oben erwähnte, kommen in Blockkeizkraftwerken Otto- und Dieselmotoren zum Einsatz. Sie können mit Erdgas, Biogas, Benzin und Diesel betrieben werden. Palmöl sollte man nicht verwenden, da hier wertvoller Boden der Nahrungsmittelerzeugung entzogen wird. Palmöl ist ein Nahrungsmittel ebenso wie Mais, Raps, Weizen etc.

Nehmen wir nun das obige Beispiel des 500 KW (ca. 700 PS) LKW-Motors, der in einem Blockheizkraftwerk arbeitet. Dann ergeben sich unter den Annahmen

- Betriebsstundenzahl   8000 h/Jahr

- Dieselverbrauch   17,5 Liter pro Stunde

- Dieselpreis   1,30 Euro pro Liter (inkl. MWST)

- Anschaffungskosten   500.000 Euro

- Abschreibungszeit   10 Jahre

Treibstoffkosten in Höhe von (8000 h/Jahr x 17,5 Liter/Stunde x 1,30 Euro pro Liter = **182.000 Euro/Jahr.**

(Die 17,5 Liter pro Stunde lassen sich aus obigen LKW-Zahlen ermitteln: 35 Liter/100 km bei einer Durchschnittsgeschwindigkeit von 50 Km/h ergeben einen Kraftstoffbedarf von 17,5 Liter pro Stunde)

Kombiniert man nun den Motor mit einem Generator mit einem Wirkungsgrad von 95%, dann erzielt man aus den 500KW an der Antriebswelle eine elektrische Leistung von 500 KW x 95% = 475 KWel.

In einem Jahr erzeugt damit das Blockheizkraftwerk 3,8 GWh Strom.

(475 KWel x 8000 h= 3.800.000 KWhel.= 3800 MWh =3.8 GWh)

Zum Vergleich: Die Jahresarbeitsleistung aller Kraftwerke in Deutschland lag 2013 bei ca. 600 Terrawattstunden = 600 000 GWh

Für den Leser:

1 KWh= 1000 Watt-Stunden

1 Megawatt h = 1000 KWh

1 Gigawatt h = 1000 MWh

1 Terrawatt h = 1000 Gigawatt h= 1000 GW h = 10 hoch 12 Watt.

Damit würden sich nur unter Berücksichtigung der Treibstoffkosten Kosten in Höhe von 182.000 Euro/ 3.800.000 KWhel= **4,8 cent pro KWhel** ergeben. Bei Blockheizkraftwerken dieser Größe rechnet man mit einer Wartungsintensität von 0,75 Cent/pro KWhel.

In Summe ergeben sich vor Abschreibung und Zinsen

Stromgestehungskosten von 5,55 Cent/KWh.

(Zur Erläuterung: 8000 Betriebsstunden/Jahr x 17,5 Liter/h x 1,30 Euro pro Liter = 182.000 Euro/Jahr).

Geht man von Anschaffungskosten für das Blockheizkraftwerk in Höhe von 500.000 Euro (1000 Euro/KW) aus und einer Lebensdauer von 10 Jahren (es gibt auch Anlagen, die 20 Jahre laufen und Anlagen, die weniger Kosten (800 Euro/KW), dann muss ein Abschreibungsbetrag in Höhe von 1,36 Cent/KWh hinzugerechnet werden.

Damit kommen wir auf Kosten von 6,9 Cent/KWh unter Berücksichtigung der Wartung und Abschreibungsdauer von 10 Jahren bei Blockheizkraftwerken mit einer elektrischen Leistung von 500 KWel.

Würde man nicht den Dieselpreis an der Tankstelle in Höhe von ca. 1,30 Euro pro Liter (inkl. MWST) berechnen, sondern den Heizölpreis in Höhe von 75 Cent pro Liter (inkl. MWST), dann würden Treibstoffkosten in Höhe von (8000 Betriebsstunden/Jahr x 17,5 Liter/Stunde x 0,75 Euro/Liter =) 105.000 Euro/Jahr anfallen.

Das entspräche einem Arbeitspreis von 2,8 Cent/KWh.

Hinzu kämen die Wartungskosten, die nach Erfahrungswerten mit 0,75 Cent/KWh anzusetzen sind. **Die Treibstoff- und Wartungskosten würden damit bei (2,8 Cent plus 0,75 Cent) bei 3,55 Cent pro KWh liegen oder 35,5 Euro pro MWh.**

Diese Kosten liegen unterhalb der Stromgestehungskosten der Braunkohlenkraftwerke, Steinkohlenkraftwerke und Atomkraftwerke.

An der Leipziger Strombörse wird derzeit Strom für ca. 30 Euro/MWh = 3,0 Eurocent pro KWh plus MWST gehandelt- also 3,57 Eurocent pro kWh incl. 19% MWST.(Stand 11. Dezember 2014)

Rechnet man den Abschreibungsbetrag in Höhe von 1,36 Cent/KWh hinzu, dann betragen die Erzeugungskosten (3,55 plus 1,36 = 4,910) 4,91 Eurocent pro KWh.

Würde man zusätzlich die LOTES-Technologie zum Einsatz bringen, so würden bei einer Effizienzsteigerung von 20% die Stromgestehungskosten auf 4,44 Cent pro KWH sinken bei einem Dieselpreis von 1,30 Euro pro Liter (inkl. MWST).

Bei einem Heizölpreis von 0,75 Euro pro Liter (inkl. MWST) würde der Arbeitspreis dann auf 2,85 Cent pro Kilowattstunde sinken. Diesen Kosten ständen noch Erträge aus der Restwärme (Prozesswärme, Raumwärme, Warmwasser) gegenüber, d.h. die Kosten würden nochmals sinken.

Rechnet man zu den Treibstoff- und Wartungskosten in Höhe von 2,85 Cent pro KWH die 1,36 Cent für die Abschreibung hinzu, dann betragen die Stromgestehungskosten inkl. Wartung, Treibstoff und Abschreibung 4,21. Euro/KWH. Abzuziehen wären die Erträge aus dem Verkauf der Restwärme.

Damit würde der Preis weiter sinken. Nach meiner groben Schätzung würden dann die Stromgestehungskosten auf 3,8 Cent/KWh sinken.

Fazit: Damit können Blockheizkraftwerke mit LOTES-TECHNOLOGIE auch ohne Subventionen genauso wirtschaftlich arbeiten wie Braunkohlenkraftwerke.

Sie können darüber hinaus dezentral- also nahe beim Kunden - betrieben werden. Leitungsverluste können minimiert werden Diese Kraftwerke können sowohl mit Gas als auch mit Öl z.B. Diesel arbeiten.

Diese Blockheizkraftwerke mit einer Lebensdauer bis zu 20 Jahren würden dann sukzessive durch mittlere HHO-Kraftwerke ersetzt. Da bei diesen HHO-Kraftwerken nur "Wasser" mit seinen Derivaten zum Einsatz kommt, sind diese Kraftwerke

- CO2- frei

- grundlastfähig

- und könnten Strom erzeugen zu Kosten, die unter **2 Cent pro KWH** liegen. Die Folgen sind:

- Es gibt keine Rohstoffknappheit mehr im Bereich ÖL und Gas und

- kein Volk, keine Region ist mehr politisch erpressbar.

- Wir haben keinen atomaren Restmüll.

- Das Abfallprodukt der HHO-Kraftwerke ist Wasser.

Die Arbeitskosten von **weniger als 2 cent/KWh** kann man leicht verifizieren: Die Kosten für einen Liter "Wasser" = Wasser mit seinen Derivaten werden unter 5 Eurocent liegen. Bei entsprechender Preisgestaltung

- werden die Stromkosten erheblich sinken,

- die "Energieerzeuger" werden eine hinreichende Rendite erwirtschaften,

- der Staat wird mit Sicherheit Steuern in derselben Höhe wie heute einnehmen

- Die Wirtschaft und die Privathaushalte werden wesentlich entlastet. Sie werden keine Standortverlagerungen aus Gründen zu hoher Energiekosten mehr vornehmen.

Diese HHO-Kraftwerke arbeiten ebenso wie die Blockheizkraftwerke dezentral - also nahe beim Kunden.

(Zum Vergleich: Ein Barrel Rohöl kostet an der Börse 65, 21 US- Dollar (12.Juni 2015). Der Umrechnungskurs Dollar/Euro betrug an diesem Tag (12.6.2015) 1,22 . Damit müsste man 53,45 Euro pro Barrel Rohöl zahlen. Ein Barrel entspricht 159 Liter. Damit kostet ein Liter Rohöl 33,6 Eurocent. Hinzu kommen die Kosten der Raffinierung von Rohöl in Benzin, Diesel, Schweröl.. sowie die Kosten des Transportes.

Fazit: Ein Liter Wasser kostet 5 Eurocent inkl. ansprechender Gewinne. Ein Liter Rohöl kostet 33,6 Eurocent. Das müsste doch jeden Mineralölkonzern reizen. Es gibt kein Explorationsrisiko mehr und keine Verschmutzung unserer Meere und Strände.)

Damit benötigen wir für die Energieversorgung der Bundesrepublik Deutschland und der Welt nur noch Sonne, Wind und Wasser.

Die USA arbeiten derzeit bereits an derartigen Lösungen. Wo ist Deutschland, Europa??!!! Ich bitte alle Leser darum, mich zu korrigieren, wenn ich einen Fehler gemacht habe.

Am 12. Dezember 2014 traf ich mit Herrn Karsten Möring, Mitglied des Deutschen Bundestages zusammen. Herr Efkan Kara aus Köln hatte diesen Kontakt vermittelt. Ich habe Herrn Möring sowohl über die Chancen der LOTES-Technologie als auch der HHO-Technologie informiert. Ich übergab ihm darüber hinaus ein Buch "Energie aus Wasser- nur eine Vision?". Herr Karsten Möring ist Mitglied im Ausschuss für Umwelt, Naturschutz, Bau und Reaktorsicherheit. Es war ein hervorragendes Gespräch. Herr Möring bat mich um die Zusendung aller relevanten Schreiben an die Politiker, Verbände und Firmen.

14. Geothermiekraftwerke

Der Vollständigkeit halber möchte ich auch weitere Technologiefelder, die Energie CO2- reduziert oder CO2-frei umwandeln, eingehen.

Dazu gehören Geothermiekraftwerke. Diese Kraftwerke nutzen die Erdwärme. Diese Energie wird „kostenlos" angeboten- ebenso wie die Abwärme der Wärme-, Kraft- und Arbeitsmaschinen (s. LOTES-Technologie).

Für die Stromerzeugung sind Temperaturen über 80 Grad Celsius notwendig. Da Wasser erst bei 100 Grad siedet und damit in den dampf-förmigen Zustand übergeht, ist Wasser als Medium ungeeignet.

Es kommen Medien und Prozesse zum Einsatz, die bereits bei geringen Temperaturen in den dampf-förmigen Zustand übergehen. Dazu gehören z.B. die **Pentane**. So hat z.B. das **Neopentan** folgende Charakteristika:

- Schmelzpunkt: 16,6 Grad Celsius

- Siedepunkt: 9,5 Grad Celsius

- Dampfdruck bei   20 Grad Celsius: 1456 mbar

                   30 Grad Celsius: 2100 mbar

                   50 Grad Celsius: 3700 mbar

- Zündtemperatur: 450 Grad Celsius

Auch hier handelt es sich um einen Kreislaufprozess. Man nennt diese Anlagen **ORC-Anlagen (Organic Rankine Cycle)**. So ist z.B. Pentan ein organisches Medium.

Geht man davon aus, das Geothermieanlagen im Bereich von 80 Grad Celsius bis 150 Grad Celsius arbeiten, dann liegt der Wirkungsgrad zur Stromgewinnung im Bereich von 5% bis 13%.

Kalina-Prozess

Ein anderer niedertemperaturiger Prozess ist der Kalina Prozess. Dieses Verfahren ist eine Alternative zum ORC-Verfahren. Es arbeitet mit einem Zweistoffgemisch z.B. Wasser und Ammoniak. Wir sprechen hier von Ammoniumhydroxid, auch Salmiakgeist oder Ammoniakwasser genannt.

Ammoniak löst sich sehr gut in Wasser auf. Ammoniak verdunstet wegen seines höheren Dampfdruckes schneller als Wasser.

Es handelt sich somit um eine wässrige Lösung von Ammoniak (NH3).Die Lösung ist farblos, hat einen stechenden Geruch und reagiert basisch.

Eine 25% Lösung (also 75% Wasser und 25% Ammoniak) hat bei 20 Grad Celsius einen Dampfdruck von 483 hPa (hektoPascal). Der Siedepunkt einer 25% Lösung liegt bei 37,7%.

Erhöht man die Ammoniakkonzentration auf 32%, dann beginnt das Gemisch bereits ab 24,7% zu sieden.

Geothermiekraftwerke können die Wärme nahe der Erdoberfläche nutzen oder die Wärme in größeren Tiefen.

Bei den Geothermiekraftwerken unterscheiden wir wieder zwischen den **Hydrothermalen Systemen** und den **Petrothermalen Systemen**.

Hydrothermale Systeme:

Aus einem Aquifer ("wassertragende Schicht bzw. Wasserträger")wird das heiße Wasser gefördert, abgekühlt und reinjiziert (zurückgeführt). Der Wärmemeinhalt des Wassers - mit einem Temperaturniveau um 100 -120 Grad Celsius - kann zur Stromgewinnung, Prozesswärme, Raumwärme genutzt werden. Es handelt sich somit um ein offenes System - **Petrothermale Systeme (HDR-Systeme)**

Petrothermale Systeme (petrus= der Stein/Felsen)werden auch HDR-Systeme genannt. HDR ist die Abkürzung von hot dry rock- also heißer, trockener Stein.

In diesem System kann direkt kein Wasser gefördert werden. Das Wärmeträgermedium wird künstlich eingebracht. Es kommen als Wärmeträgermedien z.B. Wasser oder Kohlendioxid zum Einsatz.

Auch hier handelt es sich um ein offenes System. Wasser hat einen Siedepunkt von 100 Grad Celsius. Der Siedepunkt von Kohlendioxid liegt bei -57 Grad Celsius. Also bereits bei minus 57 Grad Celsius beginnt der Verdampfungsprozess- das Wasser geht vom flüssigen Zustand in den dampf-förmigen Zustand über.

Durch das offene System besteht also ein Kontakt zum Grundwasser. Diesen Nachteil umgeht man durch den Einsatz von Tiefen Erdwärmesonden.

Tiefe Erdwärmesonden

Bei diesem Verfahren handelt es sich um ein geschlossenes System. Vorhandene Systeme reichen bis 1000m Tiefe.

Das flüssige Medium (Fluid) zirkuliert. In der Regel ist das Fluid in einem koaxialen Rohr eingeschlossen. Im Ringraum der Bohrung fließt das kalte Medium nach unten. Es wird in einer dünneren eingehängten Steigleitung erwärmt und steigt wieder nach oben.

Gegenüber offenen Systemen besteht also kein Kontakt zum Grundwasser. Die Leistung ist jedoch geringer als bei offenen Systemen - man geht von einer Leistung von einigen 100 Watt aus. (Quelle Wikipedia)

Wärmerohre,Heatpipes

Alternativ zur Zirkulation von Wasser kommen auch Sonden mit Direktverdampfer zum Einsatz. Sie werden auch Wärmerohre oder auch Heatpipes genannt. Zum Einsatz kommen Flüssigkeiten (Fluide) mit einem niederen Siedepunkt z.B. ein Gemisch aus Wasser und Ammoniak-s.o. Sie können unter Druck auch mit Kohlendioxid betrieben werden.

Heatpipes können eine höhere Entzugsleistung erreichen als konventionelle Sonden. Sie ziehen also mehr Wärme aus dem Boden.

Oberflächennahe Geothermie geht von einer Tiefe bis 400 m aus.

Nutzung der saisonalen Wärmespeicher

Eine interessante Anwendung der Geothermie ist die Nutzung des Speichervermögens der Erdoberfläche. Hier treten Temperaturen von 10 Grad Celsius auf in wenigen Metern Tiefe. Dieses Temperaturniveau wird durch den Einsatz von Wärmepumpen auf ein nutzbares Niveau für Raumwärme und Warmwasser gebracht.

Dieser Prozess kann im Sommer umgekehrt werden, so dass das System zur Kühlung verwendet werden kann. Wird die Wärmepumpe mit "regenerativem Strom" betrieben, sind derartige Anlagen CO_2-frei.

Doch wie bereits oben erwähnt, wird derzeit in Deutschland der Strom (2014) noch zu 49% über Kohlekraftwerke erzeugt. Weltweit hat die Kohle derzeit noch einen Anteil von 70% an der "Stromerzeugung".

Die Nutzung der Geothermie in größeren Tiefen ist nicht problemlos. Bei nicht fachgerechter Ausführung traten Erderschütterung auf, oder der Boden hob sich, so dass Gebäude beschädigt wurden und die Geothermieanlagen stillgelegt wurden. Bei Wikipedia ist die Nutzung der Erdwärme sehr umfassend dargestellt.

Geothermiekraftwerke sind grundlastfähige Kraftwerke.

Aufgrund der obigen Probleme ist der Anteil an der Stromerzeugung in Deutschland gering. Da der Wirkungsgrad zur Stromerzeugung relativ gering ist (ca.11%) rechnen sich Geothermiekraftwerke erst dann, wenn die Wärme wirtschaftlich verwertet werden kann.

Wärmeabnehmer können sein: Wohnanlagen, Krankenhäuser, Schulen, Schwimmbäder, Officegebäude, Produktionsbetriebe etc.

Zur Kostensituation konnte man folgende Zahlen im Internet finden (www.regenerative-zukunft.de):

- Die Anschaffungskosten für **petrothermale** Kraftwerke liegen im Bereich von 2500-5000 Euro per KW

- Die Stromgestehungskosten liegen im Bereich von 7-15 Eurocent pro KWh.

Zum Vergleich die Stromgestehungskosten der Steinkohlenkraftwerke liegen ebenfalls im Bereich von 7 Eurocent pro KWh (s.o.)

Im Rahmen der oberflächennahen Geothermie- also Nutzung der gespeicherten Sonnenenergie und Geothermie im Erdboden liegen die Anschaffungskosten für ein Heizungssystem in einem Einfamilienhaus im Bereich von 7500-15000 Euro. Eine Voraussetzung ist dabei, dass Niedertemperaturheizungssysteme zum Einsatz kommen z.B. Fußbodenheizung, Wandheizung.

Man bedenke, dass derartige Heizungssysteme einer Wärmepumpe bedürfen, die das 10 Grad Celsius warme Medium auf 30-60 Grad zur Raumheizung und Warmwasserbereitung hoch transformiert. Wärmepumpen können mit Strom oder Gas betrieben werden.

Nutzt man den Energieinhalt der Umgebungsluft, dann bedarf es auch einer Wärmepumpe und eines Zusatzheizers. Dieser Zusatzheizer kommt zum Einsatz, wenn die Temperatur der Luft stark abfällt.

15. Wasserkraftwerke, Flusskraftwerke, Meerwasserkraftwerke

Wasserkraftwerke gehören zu den grundlastfähigen Kraftwerken. Sie liefern also auch dann Strom, wenn die Sonne nicht scheint und der Wind nicht weht. Sie arbeiten absolut CO2-frei.

Ein Wasserkraftwerk wandelt die kinetische Energie (Bewegungsenergie) des herabströmenden Wassers in elektrische

Energie um. Dazu gibt es zahlreiche technische Alternativen z.B.

- Turbinen kombiniert mit Staudämmen (z.B. Iguazu- Brasilien, Drei Schluchten Staudamm- China, Assuan Staudamm -Ägypten)

- Turbinen in Fließgewässern (man nutzt die Fließenergie der Flüsse aus- es sind im Allgemeinen nur kleine Leistungen erzielbar, interessant für Entwicklungsländer)

- Strömungs- und Gezeitenkraftwerke im Meer (in Zeiten der Flut wird das Speicherbecken geflutet, bei Ebbe wird das Wasser über Wasserturbinen abgelassen. Derartige Kraftwerke rechnen sich nur bei großen Tidenhüben (z.B. St. Malo, Frankreich)

- Seeschlangen (sie nutzen die Wellenbewegung der Meeresoberfläche, siehe Modellprojekt Schottland)

- Strömungsturbinen unterhalb der Meeresoberfläche, sie nutzen den Gezeitenwechsel (Ebbe und Flut und die Grundströmung z.B. Golfstrom)

- Pumpspeicherkraftwerke (Wasser wird z.B. bei niedrigen Energiepreisen hoch gepumpt. Bei Spitzenbelastungen mit der Folge höherer Energiepreise wird es über Turbinen abgelassen- die Speicherkapazität zur Umwandlung in elektrischen Strom ist beschränkt- ca. 1-2 Stunden).

Es sei hier erwähnt, dass bei einem Überangebot an Strom, Strom sogar zu negativen Preisen verkauft wird, um das Netz stabil zu halten. Dieser „ Stromüberschuss" wird dann genutzt, um Wasser in Speicherbecken oder Speicherseen (Schweiz, Österreich) wieder hoch zu pumpen.

Die installierte Leistung der Wasserkraftwerke liegt zwischen einigen KW und 22,4 GW. (Zum Vergleich: Ein größeres Steinkohlenkraftwerk hat eine installierte Leistung von ca. 1 GW.)

Die bislang höchste Leistung (22,4 GW)wurde im "Drei Schluchten Damm" in China installiert.

Der Gesamtwirkungsgrad der Wasserkraftwerke liegt im Bereich von 85%.

(Diese hohen Wirkungsgrade werden auch bei der Kraft-Wärme-Kopplung oder der Wärme-Kraft-Wärme-Kopplung (LOTES) erreicht- auch hier wird die Abwärme "kostenlos" angeboten).

Der Gesamtwirkungsgrad der Wasserkraftwerke setzt sich zusammen aus den Wirkungsgraden

- des Zulaufs,

- der Wasserturbine,

- des Getriebes,

- des elektrischen Generators und

- des Maschinentransformators.

Im Jahre 2012 lieferte die Wasserkraft 16,5% des Weltbedarfs an elektrischer Energie (Zum Vergleich Kohle liefert 70%).

Norwegen deckt seinen elektrischen Energiebedarf zu 100% aus der Wasserkraft, Brasilien 80%, Österreich 55%, Schweiz 60%.

Zum Vergleich: In den USA werden 5,74% und in Russland 17,64% des elektrischen Stroms aus der Wasserkraft gewonnen.

In Deutschland beträgt die installierte Leistung 4,76 GW. Übers Jahr ergibt sich ein zeitlicher Nutzungsgrad von 52%- entsprechend 2,48 GW. Damit liegt der Anteil der Wasserkraft an der "Stromerzeugung" bei ca.3,5 - 4%.

Das Regelarbeitsvermögen ergibt bei 4600 Voll- laststunden 21.600 GWh.

Zur Erinnerung in Deutschland beträgt die elektrische Arbeit im Jahr ca. 600.000 GWh (2013)

Man geht davon aus, dass die Nutzung der Wasserkraft in Deutschland von den technischen Möglichkeiten derzeit das wirtschaftliche Maximum /=Optimum erreicht hat.

Die Kosten der Wasserkraftwerke sind sehr hoch im Vergleich zu Dampfkraftwerken.

Jede Technologie ist Janus-köpfig, sie hat also Sonnen- und Schattenseiten.

Zu den Sonnenseiten gehört

- CO_2-frei

- Hochwasserschutz bei Speicherkraftwerken

- Grundlastfähigkeit.

Doch es sollten auch die Schattenseiten erwähnt werden:

- Eingriff in die Umwelt (Grundwasserhaushalt, Tierwelt)

- Umsiedlung der Bewohner

- Enteignung der Anrainer

- Zerstörung der Kulturgüter.

(Quelle: Wikipedia- Wasserkraftwerke und www.regenerative-zukunft.de)

Die Nutzung der Wasserkraftwerke war in Europa in den letzten Jahren nahezu konstant.

Die Investitionskosten kleiner Wasserkraftwerke (70-1000KW installierte Leistung) liegen in der Größenordnung von 8.500 - 10.000 Euro pro KW- Nennleistung.

(Zum Vergleich: Die Investitionskosten von Dampfkraftwerken liegen im Bereich von 1000- 1300 Euro pro KW).

Bei einer Auslastung von 4000-5000 Volllaststunden pro Jahr liegen die Stromgestehungskosten der Wasserkraftwerke im Bereich von **10 bis 20 Eurocent/KWh**.

(Zum Vergleich die Stromgestehungskosten von Steinkohlenkraftwerken liegen im Bereich von ca. 7 Eurocent/KWh s.o.)

Die Investitionskosten von großen Wasserkraftwerken (10 -100 MW) liegen im Bereich von 2.000 - 4.000 Euro/KW. Bei diesen großen Wasserkraftwerken liegen die Stromgestehungskosten bei 4,5-10 Eurocent/KWh.

Die Modernisierung älterer Anlagen kann die Stromgestehungskosten auf 2,5...6,6 Eurocent/KWh senken. (Zum Vergleich an der Leipziger Strombörse wird derzeit Strom für 3,1 Eurocent/KWh verkauft s.o.)

Die Stromgestehungskoten heutiger Meerwasserkraftwerke liegen im Bereich von 10 Eurocent/KWh. Man erwartet eine Absenkung dieser Kosten auf 4 Eurocent/KWh.

Bei einer angenommenen Betriebsdauer von Wasserkraftwerken in der Größenordnung von 100 Jahren, kann ein Wasserkraftwerk 50 mal soviel Energie erzeugen, wie für seine Herstellung notwendig ist (Nettoenergiebilanzen). (Quelle: www.regenerative-zukunft.de)

In dem Artikel " Das eigene Wasserkraftwerk" fand ich folgende interessante Faustregel: Für eine Kilowattstunde KWh müssen rund 400.000 Liter Wasser einen Meter tief fallen.

(Quelle: Focus Online 12.9.2014, Maike Knorre)

16. Speichertechnologien – Pumpspeicherkraftwerke, Biogasanlagen, Batteriespeicher, Schwungmassenspeicher

Das Problem der Energiegewinnung aus Sonne und Wind ist das geringe Speichervermögen.

Bereits oben hatten wir die Speicherung der „überschüssigen Energie" in **Pumpspeicherkraftwerken – künstliche Speicherseen oder natürliche Speicherseen-** angesprochen.

Eine andere Alternative sind **Biogasanlagen**. Dort wird sowohl das Gas zwischengespeichert als auch das Rohmaterial. Auf die Problematik von Mais, Raps und Weizen hatten wir bereits hingewiesen.

Eine weitere Alternative ist die **Speicherung in Batterien**. Hierbei ist zu berücksichtigen, dass es sich um chemische Fabriken handelt. Der Aspekt des Recyclings und der Gewinnung der Ausgangsmaterialen darf nicht außer Acht gelassen werden. Ich hatte bereits oben erwähnt, dass die Gewinnung der „Seltenen Erden" mit hohen Umweltbelastungen einhergeht.

Am 29.5.2015 konnte man in der Frankfurter Allgemeinen Zeitung lesen, dass die Daimler AG Batteriespeicher für Häuser und Kleingewerbe z.B. Supermärkte anbietet. Derzeit sind in Deutschland 96 Batteriemodule mit 500 KWh am Netz. Der weitere Ausbau auf 3000 KWh ist geplant. Auch die Fa. Tesla will in das Geschäft mit stationären Energiespeichern einsteigen. Schwankungen bei Solaranlagen lassen sie so ausgleichen.

Es gibt auch Forschungen auf dem Gebiet der **Schwungmassenspeicher.** Im Formel 1 Sport wird die Schwungmassenspeichertechnologie eingesetzt und erprobt. Entweder werden Schwungmassenspeicher mit sehr hohen Massen benötigt – diese drehen langsam- oder Schwungmassenspeicher mit geringen Massen – diese speichern die Energie dann über die hohe Drehzahl.

Die Rotationsenergie ist das Produkt aus der Masse und der Umfangsgeschwindigkeit zum Quadrat. Die Masse geht also nur einfach in die Berechnung ein. Das Speichervermögen nimmt quadratisch mit der Drehzahl zu.

Das Speichervermögen von Schwungmassenspeichern ist sehr begrenzt.

Schwungmassenspeicher haben ebenso wie die Speicherung in Batterien nur ein zeitlich begrenztes Speichervermögen.

17. Power- to – Gas und Solarthermie

Eine weitere Alternative zur Energiespeicherung ist das Verfahren **„Power to Gas"**. Es handelt sich hierbei um einen mehrstufigen Prozess: Die Energie aus der Sonne oder dem Wind wird einem Elektrolyseprozess zugeführt. Dort wird das Wasser getrennt in Sauerstoff und Wasserstoff.

In einem weiteren Prozessschritt wird Wasserstoff mit der Zugabe von CO2 in Methan verwandelt. Dieses Methan kann in das riesige Erdgasnetz eingespeichert werden.

Bereits 1840 hat der belgische Professor Nollet einen entsprechenden Vorschlag gemacht. Der dänische Windkraftpionier Paul la Cour nahm bereits im Jahr 1885 eine Windkraftanlage in Betrieb, die mit einer Elektrolyseanlage kombiniert wurde. Diese lieferte Knallgas zur Beleuchtung der Schule in Askov (Quelle Wikipedia).

Aktuell beträgt der Wirkungsgrad des Elektrolyseprozesses 70%. Bei einem Hybridkraftwerk in der Uckermark mit einer Nennleistung von 500 KW erreichte der Elektrolyseur einen Wirkungsgrad von 75%. Das Ergebnis ist Wasserstoff, der in einem Wasserstoffspeicher zwischengelagert wird.

Motoren lassen sich mit Wasserstoff betreiben. Bei einem Wirkungsgrad

von Gasmotoren im Bereich von 33%, kommt man auf einen
Gesamt- Wirkungsgrad im Bereich von ca. 25% (75%x33%=24,75%).

Wasserstoff ist aggressiv und kann auf Grund dieser Eigenschaft in das bestehende Erdgasnetz nur zu einem sehr geringen Anteil eingespeichert werden.

Kombiniert man nun in einem nächsten Prozessschritt Wasserstoff mit CO_2, dann entsteht Methan. Dieses kann in das Erdgasnetz bedenkenlos eingespeichert werden.

Mit Erdgas können wir Autos betreiben, Häuser beheizen und vieles andere mehr.

Unter der Annahme, dass der Prozess der Methanisierung einen Wirkungsgrad von ca. 60% erreicht, wird Methan zu 42% (70%x60%=42%) aus „überschüssigem" Strom „erzeugt".

Ich verweise hier auch auf den Artikel in der Frankfurter Allgemeinen Zeitung „Power- to- Gas ist marktfähig", Michael Specht, 13 Mai 2015, V2).

Die Funktionsweise von Power- to- Gas ist nachgewiesen. Eine industrielle Power- to- Gas Anlage mit einer Nennleistung von 6 MW ist in Betrieb. Der Automobilkonzern Audi betreibt sie in Werlte- Niedersachsen. Herr Specht schreibt von einem Gesamtwirkungsgrad von 50%. Ich zitiere aus dem obigen Artikel:

„Kritisiert wird unterdessen immer wieder der vermeintliche niedrige Wirkungsgrad bei der Rückverstromung des Gases....Vor allem bleibt aber festzuhalten, dass bestimmte Umwandlungsverluste erst gar nicht entstehen, weil das Power to Gas Konzept eine kaskadenartige Nutzung je nach Energiebedarf vorsieht: Bei Stromüberschüssen wird die Power- to- Gas Anlage hochgefahren und erzeugt Wasserstoff.

Wenn keine Nachfrage nach Wasserstoff besteht, wird dieser in Methan umgewandelt. Das wird gespeichert, sofern der Verbraucher es nicht sofort benötigt. Erst wenn der Strom knapp werden sollte, wird Gas als letzte Maßnahme des Prozesses rückverstromt."

Würde man die GUD- Technologie (Gas- und Dampfkraftwerke) benutzen mit einem Wirkungsgrad von 65%, dann würde der **Gesamtwirkungsgrad ca. 27%** betragen

(42 Prozent aus dem Power to Gas-Verfahren x 65% = 27,3%).

Damit liegt man weit über den Wirkungsgraden der Photovoltaik, die zwischen 11% (amorphe Zellen) und 17% (polykristalline Zellen) liegen.

Würde man nur die Gasturbine nutzen oder den Gasmotor mit einem Wirkungsgrad von 33%, dann wäre der **Gesamtwirkungsgrad ca. 14%** (42% x 33%= 13,86%). Diese Leistung wäre innerhalb weniger Minuten abrufbar.

Man darf bei allen Betrachtungen nicht die Leitungsverluste vom Erzeuger zum Verbraucher vergessen! Diese liegen je nach Entfernung zwischen Erzeuger und Verbraucher zwischen 2% und 15%.

Es sei angemerkt, dass bei der Rückverstromung, beim Einsatz in Motoren (PKW, LKW, Blockheizkraftwerke etc) und bei der Wärmeerzeugung CO_2 anfällt. Gleichzeitig erfordert der Methanisierungsprozess, bei dem CO_2 zugeführt wird, Kohlendioxid (CO_2). CO_2 wird damit klimaneutral verwendet. Die Nutzung dieses Verfahrens ist bestimmt sinnvoller, als Strom zu negativen Preisen zu verkaufen.

Das Speichervolumen der Erdgasleitung ist sehr hoch. In Deutschland beträgt die Länge der Erdgasleitungen ca. 450.000 km plus 47 Erdgasspeicher. Dieses System kann insgesamt 23,5 Milliarden Kubikmeter Gas aufnehmen. Das Speichervolumen wird durch Neubau und Erweiterung sich auf 32,5 Milliarden Kubikmeter bis zum Jahr 2025 erhöhen.

Die Speicherkapazität des Deutschen Erdgasnetzes beträgt derzeit 200

TWh (TerraWattstunden). Zum Vergleich die Deutschen Pumpspeicherkraftwerke haben eine Speicherkapazität von 0,04 TWh. Die
Nutzungsdauer liegt im Stundenbereich. (Quelle Wikipedia)

Ein weiteres alternatives Verfahren zur Gewinnung und Speicherung
von Energie können **Solarthermieanlagen** bieten. In diesen Anlagen
wird über Spiegel das Sonnenlicht eingefangen und auf einen
Verdampfer gelenkt. (Parabolrinnenkraftwerke; Turmkraftwerke).

Dort wird das Medium z.B. Wasser erhitzt, es verdampft und wird einer
Turbine zur Stromerzeugung zugeführt. Die überschüssige Energie wird
in geeigneten Thermospeichern gespeichert und kann dann nach Bedarf
bei fehlender Sonneneinstrahlung (Wolken, Dämmerung, Nacht) wieder
verstromt werden. Im praktischen Betrieb konnte nachgewiesen
werden, dass man auch bis zu vier Stunden nach der Dämmerung noch
Strom liefern kann.

**Wir sollten alle Optionen nutzen, um den Klimawandel zu
verlangsamen. Denn er bedroht unsere Lebensgrundlagen.**

18. „Lasst die Bakterien die Arbeit erledigen"

Unter der obigen Überschrift berichtete die Frankfurter Allgemeine
Zeitung (FAZ) (Quelle: FAZ, 13 Mai 2015 V3) über die Verwertung von
organischen Abfällen.

Die Biogasanlage im Industriepark Höchst gehört zu den größten und
modernsten in Europa. Aus Klärschlämmen und organischem Abfällen
wird in der Cofermentationsanlage grünes Erdgas. (Für den Leser: Eine
Fermentationsanlage schafft und sichert die idealen
Lebensbedingungen für das Wachstum der Bakterien.) Dieses Erdgas
kann der Verbraucher beziehen. Ich zitiere:

„ Der Behälter der Cofermentationsanlage ist voll mit 11 000
Kubikmeter dunkelbraunem Wasser, das wild schäumt und blubbert.

Das ist das Werk von Bakterien, erklärt Schleich.

...Unterstützt von riesigen Rührern, welche die 38 Grad warme Brühe in Bewegung halten....160 Gigawattstunden trägt die Biogasanlage bei...der klimafreundliche Beitrag der Biogasanlage entspricht dem einer mittelgroßen deutschen Stadt...

Klärschlamm und Abfälle werden zu Biogas. Auch die Abfälle von Großkantinen landen in der Anlage. Aus einem Umkreis von bis zu 100 Kilometern werden Speisereste und biologische Abfälle angeliefert...

Biogas wird in das Versorgungsnetz eingespeist. ...In den angeschlossenen drei Blockheizkraftwerken wird aus dem Biogas elektrische Energie und Wärme erzeugt – in etwa so viel, um den Gesamtenergiebedarf von rund 10 000 Einfamilienhäusern zu decken....

Erstaunlich, dass Besucher auch direkt an der Anlage die große Menge an Klärschlämmen und organischen Abfällen nicht riechen können... die Abluft wird permanent abgesaugt und verbrannt."

Könnte man dieses Modell nicht anpassen an die vielen Klärschlammanlagen in Deutschland?

Die obige Anlage wurde im Jahr 2007 errichtet. Damit liegen umfangreiche Erfahrungen vor.

Auf ein weiteres interessantes Forschungsprojekt sei hier verwiesen: **Benzin aus Bakterien.** Dem französischen Unternehmen Global Bioenergies ist es gelungen, Bakterien so zu verändern, dass sie aus Gluckose Isobuten herstellen. Isobuten ist ein hochwertiger Kohlenwasserstoff, der zu den wichtigen Bausteinen der petrochemischen Industrie zählt. Die Bakterienart wird genannt Escherichia coli. Audi hat die erste Lieferung in Empfang genommen.

Das Produkt kann zu 100% als Superbenzin verwendet werden.

Für weitere Details verweise ich auf das Fraunhofer –Institut CBP in Leuna. Es wäre zu prüfen, ob dieser Prozess in der Gesamtkette CO2-

frei ist. (Quelle: Frankfurter Allgemeine Zeitung, 2. Juni 2015, S. T2)

19. HHO-Technologie - Energiegewinnung aus Wasser

In den folgenden Kapiteln möchte ich auf die HHO-Technologie eingehen. Wenn es uns gelingt, diese Technologie weiter zu entwickeln bis zur Marktreife, dann bekommen wir den Klimawandel in den Griff. Denn diese Technologie ist in der Lage, den CO_2 Ausstoß und den anderer Treibhausgase auf nahezu Null abzusenken.

Damit würden wir in Zukunft nur noch Sonne, Wind und Wasser zur Energieerzeugung benötigen. Dies betrifft nicht nur die "Stromerzeugung", sondern auch die Anwendungsbereiche Raumwärme, Prozesswärme, Warmwasserbereitung.

Ich hatte in dem Buch "Energie aus Wasser- nur eine Vision?" bereits beschrieben, dass die USA verstärkt an dieser Technologie arbeiten.

Ich habe mit vielen meiner Kollegen darüber gesprochen. Keiner glaubt an diese Technologie. Man zieht dabei die Gesetze der Thermodynamik heran, insbesondere den Energieerhaltungssatz. Dabei handelt es sich jedoch nur um ein theoretisches Modell. Meine Kollegen wollen in diesem Modell nicht die innere Energie des Wassers akzeptieren.

Denn wenn sie das täten, wären alle thermodynamischen Gesetze erfüllt. Ich gebe zu bedenken, dass alle Lebewesen und unser Körper die innere Energie des Wassers benötigen, um zu überleben. Ein Mensch kann relativ lange überleben ohne Nahrung, doch ohne Wasser bleiben ihm nur wenige Tage, ohne Luft nur wenige Minuten.

Weiterhin ist anzumerken, dass diese Technologie, an der mehr als 20 Jahre geforscht wurde, den Marktdurchbruch bis heute nicht erlangt hat. Gleichwohl ist anzumerken, dass es viele Veröffentlichungen, Patente und Videos (Youtube, MyVideo etc.) gibt, die den Beweis erbracht haben, dass diese Technologie funktioniert (sieh auch Buch

"Energie aus Wasser- nur eine Vision?").

Leider sind inzwischen die bedeutenden Erfinder dieser Technologie Stanley Meyer, Daniel Dingel, Prof. Dr. Brown verstorben und haben damit ihr Wissen mit ins Grab genommen. **War damals die Zeit noch nicht reif für eine derartige Technologie?**

Keiner dieser Erfinder konnte irdische Reichtümer anhäufen. Alle Forschungen haben sie auf eigene Kosten durchgeführt. Sie waren von der Idee der Energiegewinnung aus Wasser fasziniert. Sie haben sich alle der Öffentlichkeit und der Wissenschaft gestellt.
Stanley Meyer und Daniel Dingel waren Autodidakten. Die Vision dieser Erfinder war es, unsere Welt vom Ölwahn zu befreien.

Gleichzeitig hat das japanische Unternehmen (www.genepax.co.jp), vertreten durch Herrn Kiyoshi Hirasawa, offensichtlich keine Lizenznehmer gefunden. Das Unternehmen hatte ein Fahrzeug in der Größe eines Smarts gebaut hat und eine Probefahrt mit diesem Fahrzeug veröffentlicht (siehe Youtube).

Insgesamt ist anzumerken, dass Stanley Meyer, Daniel Dingel, Prof. Dr. Brown und Genepax unterschiedliche Technologieansätze verfolgt haben - siehe folgende Kapitel. Es gibt damit offensichtlich mindestens 4 Alternativen zur technologischen Umsetzung der HHO-Technologie.

Die Geschichte des Technischen Fortschritts hat uns gelehrt, dass viele Erfindungen erst nach Jahrzehnten oder sogar nach mehr als 100 Jahren wieder aufgegriffen wurden und erst heute kurz vor der Marktreife/ Markteinführung stehen. Ich erinnere an die Brennstoffzelle, die Teslaturbine, den Nollet-Prozess u.a.

Die **Daimler AG** hat ein Automobil bis zur Serienreife entwickelt (B-Klasse mit Brennstoffzellenantrieb). Die Daimler AG befindet sich derzeit in Verhandlungen mit anderen bedeutenden Automobilkonzernen, um eine breitere Verkaufsbasis zu erreichen.

Das Problem der heutigen Brennstoffzellentechnik im Massenmarkt ist

die fehlende Infrastruktur. Denn es muss ein Netz von Wasserstofftankstellen aufgebaut werden. Die technischen Probleme sind
weitgehend gelöst.

Mit Wasserstoff arbeitet die Chemische Industrie seit mehr als 100
Jahren. Es handelt sich damit um eine bewährte Technologie.

Die Bundesregierung hat in ihrem Forschungsbericht aus dem Jahr 2005
die Bedeutung des Brown´s Gas untersucht. Die Forscher kamen zu dem
Ergebnis, dass diese Technologie die Brennstoffzellentechnik ergänzen
oder sogar überflüssig machen kann.

Man kann die vorhandene Infrastruktur der Tankstellen nutzen. Der
Kunde tankt anstatt von Benzin lediglich "Wasser" mit seinen Derivaten.
Vorhandene Tanksysteme können benutzt werden z.B. Ersatz der E10-
Tankstationen durch "Wasser-Tankstationen".

Die **Mineralölkonzerne** müssten damit ein hohes Interesse an dieser
Technologie haben. Die zu erwartenden Umweltschäden sind
vergleichbar gering - wenn nicht sogar vernachlässigbar- im Vergleich
zur heutigen Mineralöltechnologie.

Ich erinnere hier an die Schiffskatastrophen, bei denen Tanker leck
geschlagen sind und große Mengen Öl austraten. Es waren sehr große
Umweltschäden zu verzeichnen. Ich erinnere hier allein an die elf im
April 2010 gestorbenen Mitarbeiter auf der Ölbohrinsel **Deepwater
Horizon** und Schadensersatzzahlungen, die BP (British Petroleum)
erwartet.

In der Frankfurter Allgemeinen Zeitung konnte man lesen, dass BP
allein43 Milliarden USD an Rückstellungen gebildet hat. Es ist nicht
abzusehen, ob dieser Betrag ausreichen wird. Ein amerikanisches
Gericht geht davon aus, dass 3,2 Millionen Fass (509 Millionen Liter) Öl
ausgetreten sind.

(Quelle: "Ölkatastrophe beruhigt Börse", Frankfurter Allgemeine Zeitung
17.1.2015, Seite 24). Man beachte den Titel des Artikels.

Weiterhin müssten die Mineralölkonzerne doch ein hohes Interesse daran haben, den Markt der Automobile nicht zu verlieren. Denn wenn sich die Elektromobile durchsetzen, dann brauchen sie kein Öl und kein Gas mehr.

Wenn jedoch **Range Extender** zum Einsatz kommen, die auf der HHO-Technologie basieren, dann wird der "Kraftstoff" auch in Zukunft an den Tankstellen gekauft.

Weiterhin ist anzumerken, dass die HHO- Technologie keine Explorationen im Meer erfordern. Wie bereits oben beschrieben, kann die Menge des wiederaufbereiteten Abwassers ausreichen, den Energiebedarf für Strom, Raumwärme, Prozesswärme, Warmwasserbereitung zu decken.

Die vorhandene Infrastruktur ist in vollem Umfang nutzbar.

Auch müssten **Automobilunternehmen** an dieser Technologie Interesse haben. Die Elektromobilität hat in Deutschland noch nicht den erwarteten Erfolg gebracht. Das hat weniger mit öffentlicher Förderung zu tun, sondern mit den Handicaps dieser Fahrzeuge:

- teure Batterien

- schwere Batterien

- lange Ladezeiten

- relativ geringe Reichweiten

- große Diskrepanz zwischen den angegeben Reichweiten und den in der Praxis erzielten Reichweiten

  - bei niedrigen Temperaturen sinkt die Reichweite

  - die Energiebedarfe für Heizung und Klima verringern ebenfalls die Reichweite

- fehlende Infrastruktur zum Laden der Fahrzeuge

- Strom wird zu überwiegenden Teilen aus Kohle (Braunkohle, Steinkohle) erzeugt, die Klimabelastung sinkt damit nur unwesentlich, wenn überhaupt. Man muss also alle Energiewandlungsstufen einbeziehen, von der Rohstoffförderung, über den Transport, der "Stromerzeugung", den Netzverlusten etc.

Viele diese Nachteile fallen bei der HHO- Technologie weg.

Ein Elektroauto kombiniert mit der HHO- Technologie wird das Auto der Zukunft sein:

- Ein großer Teil der Batterien wird wegfallen.

- Die Autos werden damit leichter und preiswerter.

- Elektromotoren werden preiswerter in der Herstellung sein, als konventionelle Verbrennungsmotoren.

- Elektromotoren sind relativ wartungsarm.

- Das Infrastrukturproblem ist relativ kostengünstig zu lösen.

- Der Tankvorgang entspricht dem heutigen Tanken.

- Das Reichweitenproblem ist gelöst

-

Auch **Heizungshersteller, Hersteller und Betreiber von Härtereianlagen, Glühanlagen, Lackieranlagen** u.a. werden ihren Nutzen ziehen können.

Diese Technologie könnte auch die **Schifffahrt** revolutionieren. Die Emissionen dieser Schiffe werden erheblich sinken. Da Wasser überall verfügbar ist, werden darüber hinaus die Transportkosten erheblich sinken.

Wäre es nicht auch wunderschön, wenn die **Flugzeuge** diese Technologie nutzen. Unserer Atmosphäre würde das gut tun.

Sicherlich wird auch diese Technologie ihre Schattenseiten haben. Die gilt es im Rahmen der Grundlagenforschung heraus zu finden.

20. Stanley Meyer- seine Technologieansätze

Bevor ich auf Stanley Meyer eingehe, gestatten Sie mir einen Hinweis zum Brown´s Gas. Unter **www.multiplaz.com** finden Sie ein Gerät, mit dem Sie schweißen und löten können. Es nutzt Brown´s Gas. Ich habe es selbst in den Händen gehabt. Es kann bezogen werden über die MOTOTHERM AG, Unna, Hansastraße 87 C. Der Preis liegt bei 1750 Euro (www.mototherm.de).(Brown´s Gas-Geräte zum Löten, Erwärmen, Glätten können ebenfalls bezogen werden. Die Preisspanne liegt je nach Leistung zwischen 2000 und 3000 Euro. Goldschmiedemeister nutzen bereits derartige Geräte.)

Das Gerät benutzt zum Schweißen und Löten nur Wasser. Die Flammtemperatur liegt im Bereich von ca. 140 Grad.

Das Gerät wurde leitenden Mitarbeitern der Fa. RWE vorgeführt. Sie konnten es kaum glauben, wie schnell Glas und Fliesen geschmolzen wurden. Man benötigt keine Gasflaschen, keine Sauerstoffflaschen. Es wird lediglich ein Stromanschluss 230 V/ 10A-Absicherung und Wasser benötigt. Das Gerät hat eine TÜV-Zulassung.

Das Gerät kann vergleichsweise gefahrlos im Bereich der Ausbildung- Schule, Berufsschule, Ausbildungsbetrieben, Berufskolleg, Hochschulen, Universitäten-, der industriellen Anwendung und im Hobbybereich eingesetzt werden.

Es entfallen die Sicherheitsvorschriften für das Lagern von Gasflaschen. Das Handling ist vergleichsweise einfach. Wasser gibt es überall. Unter der Adresse **www.multiplaz.com** finden Sie auch ein interessantes Video.

Stanley Meyer hat beeindruckende Fahrversuche im Internet (Youtube, myVideo)veröffentlicht. Gehen Sie einfach auf www.youtube.com und geben Sie die Begriffe Stanley Meyer oder HHO-Tec ein.

Hier einige Beispiele bei Youtube:

- "Stan Meyers water powered buggy", veröffentlicht durch Mokdo68

- "Stanley Meyer 1992 Interview", veröffentlicht durch overunitydotcom = overunity.com

- "Stan Meyers water powered car/100 miles per water gallon", veröffentlicht durch COMEX Joe. In diesem Video veröffentlicht Stanley Meyer seine Preisvorstellung von 1500 USD per Einheit. (Wenn man die Zertifizierungskosten, Anpassungskosten, Handelsspannen hinzurechnet, liegt man im Preisniveau einer Autogasanlage).

Basis seiner Versuche war ein Buggy (laut Duden: leichter, offener Wagen), der mit einem normalen VW-Käfer Motor betrieben wurde. Stanley Meyer hat alle Komponenten veröffentlicht. VW Käfer Motoren hatten normalerweise eine Antriebsleistung von 34 PS.

In diesem Kapitel möchte ich versuchen, seine Technologieansätze näher zu erläutern. Ich bitte alle Leser darum, mich auf weitere Quellen und Fehler meinerseits aufmerksam zu machen.

Stanley Meyer wird als Erfinder der Hochspannungselektrolyse bezeichnet. Er starb 1999 in den USA. Sein Verfahren ließ er 1990 in den USA patentieren (US-Patent, 26. Juni 1990 - 4,936,961).

Ihm war es möglich, Wasserstoff on demand, also nach Bedarf zu erzeugen. Er benutzte dazu eine Frequenz von 20 Kiloherz. Bei einer Stromstärke von 1/2 Ampere war er in der Lage, 3x mehr Energie zu "erzeugen" als er in Form von Elektrizität in den Prozess einbrachte.

Die andere Energie bezog aus der inneren Energie des Wassers.

In weiteren Versuchen gelang es ihm, die Ausbeute auf den Faktor 7 im Vergleich zu herkömmlichen Elektrolyseprozessen zu erhöhen. Um dies zu verstehen, muss man sich mit dem Wasserstoffatom und dem Sauerstoffatom auseinandersetzen:

Das Wasserstoffatom (H) hat ein Proton und auf seiner äußeren Schale ein Elektron. Das Proton ist positiv geladen. Das Elektron ist negativ geladen. Somit ist das Wasserstoffatom ladungstechnisch ausgeglichen.

Das Sauerstoffatom (O) hat insgesamt 8 Protonen im Atomkern. Es wird auf der ersten Schale von 2 Elektronen umkreist und auf der zweiten Schale von 6 Elektronen.

Die zweite Schale kann jedoch insgesamt 8 Elektronen aufnehmen.

Wasser (H2O) entsteht dadurch, dass sich auf der äußeren Schale des Sauerstoffatoms zwei Wasserstoffatome ansiedeln. Dabei teilen sich die Elektronen des Wasserstoffatoms die äußere Schale des Sauerstoffatoms. Damit befinden sich in der äußeren Schale des Sauerstoffatoms 8 Elektronen (6 vom Sauerstoffatom und 2 von den zwei Wasserstoffatomen).

Der Denkansatz von Stanley Meyer beruhte darauf, dass **durch Resonanz diese Wasserstoffatome sich energieeffizienter von dem Sauerstoffatom lösen können als bei der herkömmlichen Elektrolyse.**

In seinen Versuchen benutzte er dazu eine Impulsfolge, die auf der Basis von 20 KHZ basierte. Auf der Seite **www.wasserauto.de** findet man die Zeichnungen zu seiner Patentschrift und seine Impulsfolgen.

Ein weiterer Aspekt ist zu berücksichtigen: Bislang geht man von dem Modell aus, dass sich die beiden Wasserstoffatome im Winkel von 104 Grad zum Atomkern des Sauerstoffatoms ansiedeln.

Herr Sackstedt hat in dem Buch "Brown´s Gas- eine unerschöpfliche Energiequelle", Jupiter Verlag Zürich 2012) auf den bedeutenden Physiker Rydberg verwiesen (S. 190 ff). Rydberg verwendete das Modell eines Clusters.

(Der Begriff Cluster wird im Duden beschrieben: " Aus vielen Teilen oder

Molekülen zusammengesetztes System". Umgangsprachlich kann man Cluster verstehen, wenn man sich eine Wolke vorstellt. Sie besteht aus vielen einzelnen Wassertropfen, die sich um Staubkerne gesammelt haben.)

In seinem Modellansatz hat Rydberg im Experiment nachgewiesen, dass die angenommene Anbindung von 104 Grad nur **eine** mögliche Variante unter vielen anderen ist.

Es ist sehr wohl möglich, dass es weitere Varianten gibt. So ist es z.B. möglich, dass die Wasserstoffatome sich im Winkel von 180 Grad oder anderen Graden ansiedeln können. Ich zitiere aus dem Buch von Herrn Sackstedt:

" Das lineare Wasserisomer ist stabil, sofern es Rydberg-Materie-Cluster enthält. Dies sind Cluster von hochangeregter Materie. Gewöhnlich strömen die Elektronen in einem begrenzten Gebiet frei umher und können von einzelnen Atomen oder Molekülen gebunden werden. Das Leben eines solchen Clusters ist abhängig vom Typ der Atome und Moleküle, die es bilden, und kann von einigen Nanosekunden bis zu einigen Stunden andauern.

In Laborexperimenten beträgt die durchschnittliche Beständigkeit 11 Minuten. Rydberg- Materie- Cluster kommen gewöhnlich bei festen und flüssigen Stoffen vor, können aber auch in Gasen gefunden werden. Es ist verblüffend, dass Rydberg- Materie-Cluster hervorgerufen werden können, in dem man einen ganz speziellen Elektrolyseprozess vorsieht, wo spezielle Längen und Abstände der Platten und des benutzten Materials benutzt werden."

Diese Clusterbildung, verbunden mit einer Resonanzfrequenz könnte ein Modellansatz sein, um die erhöhte Produktion von Wasserstoff und Sauerstoff zu erklären.

In der Patentschrift von Stanley Meyer findet man auch Hinweise auf den **Aufbau seiner Elektrolysezelle:**

Man beachte, dass er die Platten (Anode, Kathode) als Kapazität/ Kondensator dargestellt hat. Die Kapazität dieser Platten, kombiniert mit einer Spule oder einem Widerstand, stellen einen Schwingkreis dar.

Hier liegt der Kern seiner Erfindung: Durch die Änderung der Induktivität der Spule oder alternativ der Änderung des Widerstandes kann die Frequenz der Schwingung verändert werden. Wichtig ist, dass die Kapazität in seinem Elektrolyseapparat beeinflusst wird durch den Abstand der Platten, die Fläche der Platten, die Ausbringungsform der Platten, das Plattenmaterial und das Medium, dem Dielektrikum zwischen den Platten.

In seinem Elektrolysegerät, nutzte er zylindrische Rohre aus Edelstahl. Weithin ist erkennbar, dass er alle entstehenden Gase am Ausgang der Zelle zusammenführte.

In einem weiteren Bild seiner Patentschrift beschreibt er **den elektrischen Schaltungsaufbau**. Man erkennt, dass er durch die Verwendung einer Diode nur Halbwellen zulässt. Weiterhin ist erkennbar, dass er zwischen einem Primärsystem und einem Sekundärsystem unterscheidet. Die Grundfrequenz mit der gewünschten Impulsfolge erzeugt er bereits im Primärsystem. Im Sekundärsystem variiert er dann in einem eigenen Schwingkreis die Impulsfolge.

Sein Schaltungsaufbau basierte auf der Analogtechnik. Im heutigen Zeitalter der Digitaltechnik wird man die Schaltung mit Sicherheit anders aufbauen. Mithilfe der Mikroprozessortechnik, der modernen Sensortechnik und Halbleitertechnik ist es möglich, sich selbst-regulierende, selbst-optimierende Systeme aufzubauen. Damit wird eine Variation des Plattenabstandes im Fahrbetrieb, die Änderung des Mediums und der anderen Einflussfaktoren automatisch erkannt und die Gasausgabe entsprechend dem Bedarf optimiert.

Auf der Seite **www.matrixwissen.de** kann man sich die Erklärungsversuche von Stanley Meyer im Video anhören. Darüber hinaus muss erwähnt werden, dass die BBC bereits 1995 eine umfassende Dokumentation - 60 min- ausgestrahlt hat "it runs on water". Diese Dokumentation findet man unter der Internetadresse **www.secret.tv**.

Man kann den kompletten Film ansehen, wenn man bei der Adresse www.secret.tv unter der Suchmaske unten eingibt **"it runs on water"**.

Die Sendung beschäftigt sich mit drei bedeutenden Erfindungen:

- Teil 1: Eine Heizung, die mehr Energie "erzeugt", als sie braucht. Sie ist derzeit in einer Feuerwehrstation in den USA installiert. Das Unternehmen finden Sie auch unter www.hydrodynamics.com
Der Wirkungsgrad wird mit 110% angegeben.

- Teil 2: Stanley Meyer steht im Mittelpunkt. Stanley Meyer spricht in diesem Video von einem Wirkungsgrad von 300%, oder dem Faktor 7 , bezogen auf den Gasausstoß der heute vorhandenen Elektrolyse-systeme.

- Teil 3: Es wird die Erfindung von James Patterson, Florida dargestellt. Die "patterson cell" arbeit mit Nickel Partikeln.

Wissenschaftler nehmen zu den Erfindungen Stellung. Auch hier wird deutlich, dass die "Scientific Community" mit Modellansätzen arbeitet. Diese Modellansätze müssen jedoch laufend den neuen Erkenntnissen angepasst werden.

Ich wiederhole: **Es wird kein thermodynamisches Gesetz gebrochen, wenn man von der Annahme ausgeht, dass Wasser eine innere Energie enthält.**

Der menschliche Körper nutzt die innere Energie des Wassers jeden Tag. Der Mensch kann 90 Tage nur mit Wasser überleben ohne zusätzliche Nahrung. Wird dem Körper jedoch nicht täglich Flüssigkeit zugeführt, dann hat er einen Überlebensspanne von ca. 5 Tagen.

Das ist genauso wie bei der Atomenergie- auch hier bedurfte es bedeutender Erfindungen wie die Kettenreaktion, das Gesetz der kritischen Masse etc, bevor die Atomenergie ihre Wirkungen zeigte - wie bereits in vorherigen Kapiteln beschrieben.

Herr Sackstedt übersandte mir eine Dokumentation des Dublin Institute of Technology. Ich zitiere:

"Meyer has obviously discovered some method of collecting this hydrogen different from the traditional methods.

I visited Columbus Ohio to meet Stanley Meyer and discuss Water Fuel Cell Technology from 28th July to 31st July 1993. I was accompanied by Noel Whitney of Quantum Leap and Michael Carberry, Chief Engineer of Avonmore Plc.

During the course of our stay most of our time we spent discussing the underlying principles behind the technology and the details of the electronic circuits etc. On the second day Meyer demonstrated a version of his water fuel cell technology which was built in 1982. This demonstration clearly indicated to me that Meyer has developed a novel process for producing hydrogen and oxygen together. This process does not utilise the large currents needed for normal electrolysis.

Since my return to Ireland I have studied the literature and compared this with the data supplied by Meyer. I have formed the view that Meyer has developed a novel form for electrolysis for water and that this form of electrolysis has the potential to make available more heat energy than the energy input needed to stimulate the process.

In all the time I had contact with Meyer, I formed a very positive view of his sincerity and his enthusiasm. From the literature supplied, the patents and the equipment shown to us it is evident that Meyer has concentrated his development on producing this water fuel cell in a form suitable for retrofitting to the everyday motor vehicle. To complete this development he has to develop his electronics further to produce an integrated chip.

I´m convinced that the technology demonstrated is a novel and exciting technology and will provide an alternative fuel of use in motor vehicles in the not too distant future. It is difficult at this stage to assess whether its performance as a simple burner will exceed the performance of existing technology from heat pumps etc.

This substantial gain to be made if this proves to be the case, however, would **justify significant investment to move to the proof of concept stage**."

Ich verweise auf die Quelle: **www.quantumenergie.de** mit dem Titel " Die Russen können es auch - nur mit Wasser Auto fahren".

Auch in dieser Quelle finden sie zahlreiche Videos über Stanley Meyer.

Zusammenfassend ist festzustellen:

1. Seit mehr als 20 Jahren sind die Technologieansätze zur HHO-TEC bekannt.

2. Viele Wissenschaftler verwenden offensichtlich mehr Energie darauf, neue Erkenntnisse zu behindern, statt sie zu fördern

3. Es sind Forschungsarbeiten unumgänglich.

21. Daniel Dingel

Daniel Dingel lebte auf den Philippinen. Auch er hat sein Wissen wie Stanley Meyer mit ins Grab genommen. Sowohl Stanley Meyer als auch Daniel Dingel sind umstritten. Beide wurden als Betrüger abgestempelt. Beide hatten kein Hochschulstudium absolviert.

Ich erinnere an Galileo Galilei und seine Aussage: **Die Erde ist rund.** Er musste von dieser Aussage Abstand nehmen, um sein Leben zu retten. Heute ist bewiesen: Die Erde ist keine Scheibe, sie ist rund.

Ich erinnere daran, dass Bil Gates, Begründer von Microsoft und Steve Jobs, Begründer von Apple ihr Studium vorzeitig abbrachen, als sie die Dimension ihrer Erfindungen erkannten.

Machen wir es uns nicht zu einfach? Es sollte uns zu denken geben, dass mehrere Zeugen die Fahrzeuge besichtigt und gefahren haben- unter anderem Mitarbeiter der Zeitung **AutoBild**.

Wäre es nicht besser, wir schauen unvoreingenommen auf diese Technologien? Gehen Sie einfach auf **www.youtube.com** und geben Sie den Namen Daniel Dingel ein.

Vor wenigen Tagen konnte man lesen, dass die Zigarettenindustrie (Philipp Morris) 166 Wissenschaftler beauftragt hat, die die positiven Seiten von Zigaretten und dem darin enthaltenen Nikotin darstellen sollten. Prozesse in den USA werden derzeit vorbereitet.

Nach den mir vorliegenden Dokumentationen hat Daniel Dingel einen anderen Ansatz als Stanley Meyer gewählt. Zwar benutzte Daniel Dingel in seiner Elektrolysezelle ebenfalls ein Resonanzsystem. Das Resonanzsystem war jedoch nicht durch eine externe Schaltung regelbar. Ich bezweifle, dass diese Spule überhaupt zur Gasproduktion beigetragen hat. Ich denke dabei an einen berühmten italienischen Erfinder- Leonardo da Vinci. Auch er hat in seinen Erläuterungen manchmal Fallstricke eingebaut.

Ich zitiere aus den Veröffentlichungen aus www.wasserauto.de .

"Um die Elektrolyseeinheit befindet sich eine selbstschwingende Spule mit wenigen Windungen. Diese arbeitet auf einer Resonanzfrequenz. Der Behälter ist aus Edelstahl, er fungiert als Faraday´scher Käfig."

Herr Daniel Dingel kombinierte verschiedene Materialien miteinander. Die Veröffentlichungen (www.wasserauto.de) geben folgendes preis:

"Er benutzte speziell beschichtete Elektroden, um einen hohen Stromfluss und das Korrodieren der Elektroden zu verhindern."

Wie bereits oben erwähnt, verwendete Stanley Meyer in seiner Elektrolysezelle als Elektroden ausschließlich Edelstahl. Stanley Meyer spritzte das Gas direkt durch Einspritzdüsen, die mit der Zündkerze kombiniert waren, in die Zylinder der Motoren. (Wenn Sie Stanley Meyer „googeln", finden Sie den gesamten Bausatz.)

Dem gegenüber führte Daniel Dingel das Gas über den Ansaugtrakt den Zylindern zu.

Die Erfindung von Daniel Dingel wurde mehrfach dokumentiert, unter anderem von der renommierten Autozeitung "AutoBild". Es gab mehrere Veröffentlichungen von AutoBild: 20.Oktober 2000,15. Dezember 2000, 30. März 2001,26. Oktober 2001).

Er benutzte einen Toyota Corolla 1,6i aus dem Jahre 1996. Nach seinen Aussagen verbrauchte er 5 Liter Wasser für eine Fahrstrecke von 500 km. Seine Leerlaufdrehzahl betrug 500 Umdrehungen/Minute.

Unabhängige Fachleute- unter anderem auch KFZ- Sachverständige - sind mit diesem Fahrzeug mit einem Liter Wasser ca. 80 km gefahren. Die Experten von **AutoBild** sind mit dem Fahrzeug in eine BMW-Fachwerkstatt gefahren, um herauszufinden, ob irgendwo in dem Fahrzeug ein Benzintank versteckt war. Dies wurde verneint. Daniel Dingel benutzte ausschließlich Wasser- normales Leitungswasser.

Ich fand im Netz folgenden Artikel, geschrieben von Hans Robert Richarz, den ich hier ungekürzt wiedergebe:

„Auch Dingel kocht nur mit Wasser

Scharlatan oder genialer Denker? „Mein Toyota läuft mit Wasser", behauptet weiterhin Daniel Dingel. Wir sahen uns den Wunderwagen noch einmal genauer an.

Extreme Reaktionen unter regenschwerem Tropenhimmel. Fassungslosigkeit und Euphorie. Unverständnis, Skepsis und der Glaube an eine automobile Weltrevolution: Das Geheimnis um das Wasserauto des philippinischen Erfinders Daniel Dingel (AUTO BILD 42/00), den wir jetzt zum zweiten Mal in Manila besuchten, wird immer unergründlicher.

Das „Wunder von Manila" - ein Toyota Corolla- der dank geheimnisvollem Mini-Reaktor mit reinem Leitungswasser fahren soll - geht in die nächste Runde. Ist Daniel, ein begnadeter Düsentrieb im immer gleichen T-Shirt und Jeans, der Einstein der Antriebstechnik? oder ein gerissener Scharlatan? Treibt der inzwischen von Anwälten und weltweiten Geschäftsgruppen gehetzte und von Klauseln, Vorverträgen und Absichtserklärungen umstellte Erfinder Hokuspokus auf höchstem Niveau? Oder ist es ihm tatsächlich gelungen, mit Wasser ein Auto fahren zu lassen?

Die Frage beschäftigt nicht nur uns: Hunderte von Leserbriefen haben die Redaktion erreicht, das Telefon stand nicht mehr still. Ingenieurbüros, Wissenschaftler, Tüftler - alle wollten wissen: Kann das wirklich sein?

Mit uns in Manila: zwei Männer. die sich mit ungewöhnlichen Phänomenen auskennen. Günther E. Brand (59), Erfinder-Förderer und Risikokapitalvermittler aus dem Rheinland, und sein technischer Berater Kfz-Ingenieur Dieter Klauke (60).

Nach dem Treffen mit Dingel waren sie ebenso ratlos wie gespalten. So hin- und hergerissen im Für und Wider, dass sie sich nur mit einer Wette zu helfen wussten. Brand: „Ich wette 10 000 Mark, dass Daniel Dingel den Stein der Weisen gefunden hat. Ich bin den Wagen gefahren, habe keinerlei Hinweise auf herkömmliche Kraftstoffe wie Benzin, Diesel oder Gas feststellen können."

„Ich wette dagegen", so Fahrzeugbauer Klauke. „Niemand kann den ersten Hauptsatz der Thermodynamik außer Kraft setzen. Er besagt, dass man maximal so viel Energie erzeugen kann, wie man rein steckt. Dingels Ding kann nach der reinen Lehre der Wissenschaft nicht funktionieren. Eigentlich nicht."

Klauke. Geschäftsführer von zwei Smart-Centern in Köln und Aachen, erbittet Bedenkzeit, schlägt noch eine Nacht darüber und lässt sich am nächsten Morgen überraschend doch ein Hintertürchen offen. „Rein äußerlich und bis auf den Motorraum ist Dingels Auto ein ganz normaler Viertakt-Vierzylinder. Er wird wie jeder andere gestartet, zeigt das gleiche Fahrverhalten, hört sich wie ein handelsüblicher Corolla an und bietet auf den ersten Blick keinerlei Norm-Abweichungen. Kein mysteriöses Gefummel, keine Zusatzschalter, außer ein paar für einen ‚Prototyp' üblichen Messschaltern. Mit Sicherheit hat er auch keine verborgene Brennstoffzelle an Bord. Das Ding ist total normal."

Auf den ersten Blick. Der zweite verwirrt den deutschen Ingenieur gründlich. Klauke: „Es gibt keine erkennbaren Zeichen von Verbrennung fossiler Kraftstoffe an Bord. Womöglich ist Dingel in einen Grenzbereich jenseits der Normalität vorgestoßen. Wenn er das geschafft hätte, wäre er ein neuer Einstein."

Dingel lacht. Verspottet uns, als wir sein Auto wiegen wollen - und verbietet es. Ist beleidigt, als Klauke mit einem Abgas-Tester kommt - und verbietet es. „Was wollt ihr? Mir mit solch simplen Tests die Zeit stehlen? Beleidigt mich nicht. Ich bin nicht Einstein, es gibt auch keine Wunder. Es gibt nur den radikalen Bruch mit überliefertem Wissen. Und neues Denken."

Dann endlich nimmt er sich die Zeit, zu erklären, was er damit meint. Es sei nicht - wie bisher vermutet - Wasserstoff, der sein Auto antreibt. „Den erzeuge ich zwar on-board, aber das allein reicht nicht", so Dingel. „Durch ein elektromagnetisches Feld wandle ich ihn in eine neue Form von Energie um. Eine Substanz, die, bis das Patent erteilt ist, mein Geheimnis bleibt. Sie ist es, die den Wagen antreibt. Sie ist es, die die Regel ‚input gleich output' außer Kraft setzt."

Klauke, früher lange Motoren-Entwicklungsleiter bei Fichtel und Sachs, will mehr wissen. Investor Brand, der mit Geld und einem Heer von Juristen Dingel bei der Erlangung der Weltpatente helfen möchte, will alles wissen. Doch Dingel schweigt.

„Weil das Ganze so einfach ist", sagt er. „Wenn nach der Patentierung meine Erfindung bekannt wird, werden alle lachen. So einfach ist die Lösung." Bis dahin nur so viel: Die neue Energieform bildet sich in einem so genannten Konverter. Und an den lässt Dingel natürlich niemanden heran.

Der Erfinder bleibt dabei: Aus dem Wasserstoff entstünde etwas ganz Neues, energiereicher als herkömmlicher Kraftstoff. Sein alter Corolla brauchte **deshalb als zusätzliches Schmiermittel Dingels spezielles EMF-01,** einen Mix aus tropischen Pflanzenextrakten und chinesischen Aromaten - „sonst würden sich die Kolben festsetzen".

Wenn das alles stimmt, wäre einiges zerstört: Die Wasserstoffmodelle der Giganten Mercedes, Ford und BMW mit ihren Brennstoffzellen, Wasserstoff- und Methanol-Motoren. Denn das System Dingel, laut Brand nachgerüstet für unter 5000 Mark zu haben, kann man für jedes bereits existierende Auto der Welt passend machen.

Zerstört, wenn es denn so wäre, würde auch die Abhängigkeit der Welt vom Öl. Nicht weiter zerstört dagegen würden die Ozonschicht und unser Klima. Denn Dingels Wasserauto braucht nichts, will nichts. Nur einen Liter Wasser (H_2O) pro 100 Kilometer Fahrt. Es hinterlässt auch nichts - außer Wasserdampf. Merkwürdig nur: Der Lappen, den Brand an den Auspuff hielt, roch zunächst im nassen Zustand nicht, aber am nächsten Morgen, inzwischen getrocknet, doch leicht nach aromatisierten Kohlenwasserstoffen. „Rein theoretisch kann das vom Motoröl sein", vermutet Brand. Oder vielleicht doch Benzinrückstände?

„Wir müssen jetzt volle Fahrt aufnehmen, um Dingels Erfindung auf den Weg zu bringen", wirft Investor Brand ein, der mit seiner Firma „Brabon" weltweit schon über 50 Erfindern zu Patenten verholfen hat. Er plant, Dingel samt Auto nach Europa zu holen und allen Interessierten vorzustellen. „Die Automobilvorstände sollten Daniel Dingels Erfindung ernst nehmen. Nach dem was ich hier erlebt habe, könnte es sich um eine echte Revolution handeln. Dieser Mann scheint ein Genie zu sein."

Und das gleicht manchmal eher einem Phantom. Eben noch da, ist er schon wieder weg. Diesmal auf dem Weg nach Taipeh, wo einer der reichsten Unternehmer des Landes, Kunststoffmagnat Wang, Dingels Erfindung in eine neue Generation von Hybrid-Autos „Made in Taiwan" einbauen will.

Gleichzeitig verhandelt eine Schweizer Gruppe, die in Verbindung zu Citroen stehen soll, ernsthaft mit dem kauzigen Erfinder. Investor Brand: „Wir müssen uns sputen, sonst verpassen wir Deutschen eine Jahrhundertchance." Möglicherweise, Jörg Wigand.

Daniel Dingel - ein kleiner Copperfield oder ein begnadeter Beherrscher geheimnisvoller Energieströme? Dem Schweizer Verleger Adolf Schneider, Mitbegründer einer Aktiengesellschaft namens TransAltec AG mit Sitz in Egerkingen, sind solche Fragen suspekt. Schließlich will er mit dem Wasserauto des Filipino das Geschäft seines Lebens machen und sucht zahlungskräftige Investoren. Zweifler sind da nicht willkommen.

„Berichte über Erfinder, die Autos auf Wasserantrieb umgebaut haben, gibt es schon seit Jahrzehnten", bekräftigt Schneider. Als Kronzeugen nennt der 57-jährige Buchautor („Besucher aus dem All", „Energien aus dem Kosmos") keinen Geringeren als Jules Verne, den legendären Verfasser utopischer Romane: „Der hat schon vor über 100 Jahren prophezeit, dass Wasser dereinst als Treibstoff dienen würde." Na dann.

Erstmals realisiert, so Schneider, habe die amerikanische Marine das Prinzip des Wasserantriebs am 3. Februar 1917 mit Hilfe eines portugiesischen Erfinders: „Der schüttete sechs bis sieben Tropfen einer geheimen, grünlich gefärbten Substanz in einen Eimer Wasser." Ein Motorboot soll mit diesem Gebräu funktioniert haben. Unglücklicherweise ist das Archiv. in dem der Versuch dokumentiert war, abgebrannt.

Auch in den folgenden Jahren, so weiß Schneider, tauchten immer wieder erfolgreiche Projekte mit Wasser als Benzinersatz auf, die freilich samt und sonders in der Versenkung verschwanden. Grund: „Kostenlose Energie gefällt weder Regierungen noch Unternehmen. Die kennen Mittel und Wege, so etwas zu verhindern", raunt Schneider geheimnisvoll.

Und noch etwas hatten die Experimente gemeinsam: Sie produzierten stets mehr Energie, als ihre Erfinder in sie hineingesteckt hatten. Spätestens bei solchen Behauptungen kräuseln sich bei gestandenen Physikern die Haare. Immerhin gilt es als anerkanntes Naturgesetz aus dem Gebiet der Thermodynamik, dass ein Perpetuum mobile nicht funktionieren kann - wenn auch die Suche nach solchen Wunder-aggregaten bis ins 13. Jahrhundert zurückgeht.

Doch Adolf Schneider werfen physikalische Prinzipien nicht um. Zweiflern begegnet er mit einem Shakespeare- Zitat: „Es gibt mehr Ding im Himmel und auf Erden, als Eure Schulweisheit sich träumt, Horatio." Seit Ende der 80er Jahre sammelt Schneider für skurrile Erfinder und deren Wundermaschinen - die angeblich ohne erkennbare Energie auskommen -Geld, viel Geld. Dafür organisiert er Kongresse und Tagungen, versammelt Gleichgesinnte um sich und gibt eine Zeitschrift namens „Net-Journal" heraus, die sich beispielsweise mit „Energie aus dem All" auseinander setzt. Leider versagen die lautstark angekündigten Apparate stets dann ihren Dienst, wenn unbelehrbare Skeptiker hinter die Kulissen sehen wollen.

Dabei ist doch alles klar, auch bei Daniel Dingels Wasserauto. Der Stuttgarter Wolfgang Czapp, ein Mitstreiter Schneiders, behauptet, dass ihn der Erfinder auf den Philippinen höchstpersönlich in das Geheimnis seines Vehikels eingeweiht habe. „Macht es euch doch nicht so schwer", wischt Czapp Zweifel beiseite. „Wasserautos laufen nicht mit Explosion des Knallgases, sondern mit der Implosion komprimierter Äther-Energie. Es gibt viele Namen für diese Energie, man kann sie auch als Lebenskraft bezeichnen, die von Gott ausgeht und ohne die kein Leben möglich wäre."

Wesentlich irdischer sind dagegen die Ziele, die Adolf Schneider mit

Daniel Dingels Wasserauto verfolgt. Auf einer Tagung mit dem Motto „Neuartige Wasser- und Wasserstoff-Technologien" Anfang Dezember in Egerkingen rührte er kräftig die Werbetrommel: „Wir haben seit längerem eine Anfrage einer deutschen Investorengruppe, die sich für diese Technik interessiert. Falls auch Sie Ihr Geld anlegen wollen, melden Sie sich!" Schneiders Devise heißt dabei „Kleckern statt klotzen". „Es geht um Millionen."

Hans-Robert Richarz:
"Es ist schade, dass Daniel Dingel sein Wissen nicht der Wissenschaft öffnete."

Es gelang mir über Geschäftsfreunde auf den Philippinen, mehr über Daniel Dingel zu erfahren. Sie verwiesen mich auf Russel Fiedler. Er berichtete von einer Fahrt mit Daniel Dingel im Jahr 1991. Die Maschine wurde mit Benzin gestartet. Nach einigen Minuten wurde die Benzinzufuhr unterbrochen. Er fuhr dann 5-6 Stunden an diesem Tag nur mit Wasser. Dieses Schreiben wurde veröffentlich am 7. Juni 2013.

Die längste nachgewiesene Strecke war 500 km. Sie wurde vom Rechtsanwalt Eduardo Tan auf den Philippinen gefahren.

Auf der inneren Seite der Motorhaube hatte Daniel Dingel folgende Texte veröffentlicht:

- **Metal Type: Honey-Combustion-Separator**- Herr Dingel verwendete in seiner Zelle eine Einheit, die wie eine Honigwabe aussah. Es ist nicht vermerkt, aus welchem Material, die hexagonal ausgeformten „Honigwaben" gefertigt wurden. (Die Zellenrohre haben - geschätzt - jeweils einen Durchmesser von ca. 1cm)

- **12- Volt Battery:** Herr Dingel benutze eine normale 12 Volt Autobatterie

- **Fundamentals behind Honey Combustion Separator: Magnetism (about... or more). The Energy for combustion:** Das Grundlegende des Honigwaben-Verbrennungs-Separators ist Magnetismus mit der Stärke von......oder mehr.

- **H-Comb Separator:** Wasserstoff-Verbrennungs- Separator

- **Hydrogen Oxygen**

$H_2 +$ O_2

Full   Support: Er trennte Wasserstoff von Sauerstoff. Den Wasserstoff verwendet er gemäß seiner Skizze in vollem Umfang, den Sauerstoff benutzte er nur zur Unterstützung .

- **Spark**

H_2O

Energy calories: Herr Dingel modifizierte die Zündkerzen, den Todzeitpunkt der Zündung. Er verwendete gehärtete Ventilsitze, da die Verbrennungstemperatur seines Gemisches höher war, als die eines Benzingemisches – auch bei Gasmotoren, werden gehärtete Ventilsitze verwendet.

- **Prinzipals & Operations Concept   Theories involved with Electrical and Magnetism:** Herr Dingel verwendete neben dem Elektrischen Kreis auch den Magnetismus.

-**Engine LUBEMATIC**

Automatic Lubrification

Elektromagnetic Fluid

EMF: Herr Dingel fügte dem Prozess ein Schmiermittel bei zur Reibungsverminderung mit elektromagnetischen Eigenschaften.

- **This was made possible with car´s one 12 Volt battery & Reactor:** Herr Dingel benötigte eine normale 12 Volt Autobatterie und einen Reaktor

Seine Erfindung machte er im Jahr 1968.

Herr Dingel hatte einen Rechtsstreit mit der Fa. Formosa Plastic Groups) im Alter von 82 Jahren und wurde zu 20 Jahren Gefängnis verurteilt. Aufgrund seines Alters musste er jedoch nicht einsitzen. (Quelle: Philipp Daily Inquirer, 20 Dez. 2008 , Allison Lopez).

Herr Daniel Dingel starb am 18. Oktober 2010 im Alter von 84 Jahren in Las Pinas City, Metro Manila im Kreise seiner Freunde/Familie. Er hat keine Reichtümer hinterlassen. Von den Interessenten war keiner zugegen.

Meine Geschäftspartner übersandten mir weitere Informationen:

-Die Zelle arbeitete nicht nur als HHO-Reactor, sobald Spannung auf die Zelle gegeben wurde, sondern sie konnte auch als Generator arbeiten. Sie lieferte Strom, wenn keine Spannung auf die Zelle gegeben wurde. Ein kleiner Kühlschrank und ein TV-Gerät konnten mehrere Wochen mit der Zelle betrieben werden- nach Auskunft von Herrn Dingel.

- Die Zelle wurde mit normalem Leitungswasser aufgefüllt: 1 Liter Wasser reichte für eine Fahrtgeschwindigkeit von 70 km/h für eine Stunde. Auch mit Meerwasser könnte seine Zelle betrieben werden.

- Herr Dingel sagte, er hätte 100 Fahrzeuge umgerüstet. (Diese Zahl war nicht nachprüfbar.)

- Er modifizierte die Zündkerzen – sie ähnelten den ersten patentierten Zündkerzen

- Er veränderte den Zündzeitpunkt. Er zündete nicht vor dem oberen Totpunkt, sondern nach dem oberen Totpunkt (8 Grad)

- Da HHO-Gas eine höhere Temperatur im Zylinder hervorruft, benutze er gehärtete Ventilsitze. Man sollte also Motoren verwenden, die für LPG (Erdgas) geeignet sind.

- Die drei gezeigten Zündspulen an der Frontseite hätten keine Funktion, sie sollten nur die Leute verwirren.

- Das Geheimnis seines Reaktor seien die verwendeten Materialien - Neodym Magnete und Bismuth. Er sagte Bismuth ist der Schlüssel. (Bismuth ist diamagnetisch)

- Bismuth und Neodym Magnete werden mit der Honigwabenstruktur in eine bestimmte Struktur gebracht

- die „Honigwabe" ist aus einem anderen Material gefertigt. Es könnte sein, dass das Material Wismuth ist.

- Wismuth ist sehr stark diamagnetisch, es ergibt sich somit eine Wechselwirkung zu einem extern aufgebauten elektromagnetischen Feld

- Im Mai 2008 überließ er sein Auto dem TÜV Rheinland Taiwan LTD und dem Philippine Department of Energy. Sein Reaktor erzeugte ein Gas mit einem Wasserstoffanteil von 40,41%.

Die letzten Mitteilungen von Daniel Dingel sind datiert: 28. März 2013

Allen interessierten Lesern schicke ich gerne diese Details per Mail zu-heinrich_reents@yahoo.de.

Ein Leser schickte mir den Hinweis, dass Bismuth bei Peltier-Elementen verwendet werden. Sie basieren auf dem Seebeck-Effect. Es ist bekannt, dass der Output der Peltier- Elemente sich bei sehr starken magnetischen Feldern erhöht. Peltier-Elemente erzeugen Kälte, wenn Energie zugeführt wird. Sie liefern „Strom", wenn Wärme zugeführt wird. Nach meinem Wissensstand ist der Wirkungsgrad der Peltier-Elemente zu gering, um die oben beschriebenen Wirkungen (Daniel Dingel) hervorzurufen.

Auch die Fa. BMW hat Erfahrungen mit den Peltier Elementen gesammelt. Sie nutzte die Temperatur der Abgase, um Strom für die elektrischen Verbraucher aus der Abgasenergie zu gewinnen. Nach meinem Kenntnisstand betrug die Nennleistung des Systems ca. 1 KW.

Könnte es sein, dass Daniel Dingel einen ähnlichen Prozess nutzte wie Harlo Mayne? Die Technologieansätze von Harlo Mayne sind im folgenden Kapitel dargestellt.

22. Harlo Mayne aus Jamica und die russischen Eisbrecher

Am 6. August 2014 wurde bei youtube das Video eingestellt "car runs on 100% water", veröffentlicht von Maynex.

Die Technologie wurde in einem Nissan realisiert. Herr Harlo Mayne kommt aus Jamaica. Ich habe ihn direkt angeschrieben unter der Webadresse www.maynex.com. Auch Harlo Mayne hat wie Stanley Meyer, Daniel Dingel kein Studium absolviert. Er hat bis heute nicht geantwortet. Harlo Mayne ging unvoreingenommen an die Lösung des Problems heran.

Im obigen Video werden mehrere seiner Erfindungen dargestellt. Einige Beispiele sind: Zahnbürste, vollautomatischer Wischmopp.

Aus dem Video ist zu entnehmen, dass er wie auch Daniel Dingel (?) einen anderen Ansatz als Stanley Meyer gewählt hat.

Seine Erfindung beruht auf der Nutzung des Edelmetalls Aluminium in Pulverform, Hydriden, also wasserlöslichen Materialien, einer Membran und Wasser. Es handelt sich damit um eine Wasser/Aluminiumreaktion.

Harlo Mayne braucht keinen externen Stromlieferanten, eine Batterie ist offensichtlich im Gehäuse integriert. Er verbindet einfach das Gerät über einen Gasschlauch mit dem Ansaugstutzen des Motors. Die interne Batterie brauchte er, um mit Hilfe eines Gleichstrommotors den Flüssigkeitsumlauf innerhalb seiner Zelle aufrecht zu erhalten.

Vielleicht gibt es ja im Leserkreis einen Experten, der mehr dazu sagen kann.

Wenn Sie bei Wikipedia recherchieren, dann finden Sie unter dem Stichwort "Aluminium" folgende Hinweise:

Aluminium (Al) reagiert heftig mit wässriger Natriumhydroxidlösung (NAOH) unter Bildung von Wasserstoff (H2). Diese Natriumhydroxidlösung nutzt man bei Rohrreinigungsmitteln.

In Pulverform (Partikelgröße kleiner 500 Mikrometer, also kleiner einem halbem Millimeter) ist Aluminium, vor allem dann, wenn es nicht phlegmatisiert ist, aufgrund seiner großen Oberfläche sehr aktiv. Aluminium reagiert dann mit Wasser unter Abgabe von Wasserstoff (H2) zu Aluminiumhydroxid.

Die Rektion ist beschrieben:

2 Al + 6H2O----- 2AL(OH)3 + 3 H2

Man sollte erwähnen, dass die Herstellung von Aluminium sehr energieintensiv ist.

Am 11.3.2015 erreichte mich die Nachricht von Herrn Dipl.-Ing. Roman Kolesnikov, Moskau, dass in Russland Eisbrecher mit Aluminium betrieben werden. (siehe Anhang)

Harlo Mayne beweist in dem Video, dass keine Verbindung zum Benzintank besteht. Das Gas kommt aus einer Einheit, die einen Wassertank enthält. Er benötigt lediglich Wasser. Das Gerät weist ein ansprechendes Design aus.

Den Verbrauch gibt er an mit einer Gallone Wasser (3,78 Liter) für eine Fahrtstrecke von 50-150 Meilen (eine Meile = 1,609 km). Umgerechnet auf europäische Maße, hatte er damit unter der Annahme eines Wasserbrauchs von 3,78 Liter pro 100 Meilen= 160 km einen Wasserverbrauch von ca.**2,4 Liter pro 100 km**. Auch er weist darauf hin, dass Urin als Energieträger im Notfall geeignet ist.

Dass der Installationsaufwand des Systems vergleichbar gering ist, ist dem Video zu entnehmen- er spricht von 10 Minuten.

Herr Harlo Mayne fährt bereits seit einem halben Jahr problemlos in seinem Wagen mit dem System.

Unter der Internetadresse www.patents.justitia.com gelang es mir, einen Teil seiner Patentschrift herunter zu laden:

Das Patent hat die Nr. US 8864857

Es wurde eingereicht am 26. Juli 2011

Es wurde veröffentlicht am 21.Oktober 2014

" Self regulating hydrogen generator

Jul 26, 2011

An apparatus for generating hydrogen gas from a replaceable aluminum pack comprising an aluminum and hydride mixture encased in a breathable membrane that is raised and lowered into a fluid contained within an enclosed tank wherein contact with the fluid releases hydrogen gas from the aluminum. A pressure transducer and microprocessor chip are provided for monitoring and regulating the rate of hydrogen production by engaging and disengaging a reversible motor that raises and lowers an inner tray on which the aluminum pack resides accordingly.

Skip to: Description Claims References Cited Patent History Patent History

Description

RELATED APPLICATIONS

This application is subject to U.S. provisional application Ser. No. 61/516,643 filed 19 Apr. 2011.

Please incorporate by reference all information in said provisional applications into this instant invention.

BACKGROUND OF THE INVENTION

1. Field of the Invention

Hydrogen is a "clean fuel" that can come from renewable sources such as water, aluminium, wind power, and many other sources. Hydrogen can be consumed by combustion engine with no harmful effect to the environment, as the only by-product is clean water.

The present invention relates generally to a process of making and controlling hydrogen gas on demand from aluminium, hydride, and water.

2. Description of the Prior Art

Numerous hydrogen gas making devices have been provided in prior art that are adapted to convert water and aluminium into gas through the use of electrolysis. While these units may be suitable for the particular purpose for which they address, they would not be suitable for the purposes of the present invention as heretofore described.

Several methods of storing hydrogen currently exist but are either inadequate or impractical for widespread consumer applications. For example, hydrogen can be stored in liquid form at very low temperatures. Cryogenic storage, however, only provides a low volume density per liter, which is insufficient for most consumer applications.

An alternative is to store hydrogen under high pressure in cylinders. However, a 100-pound steel cylinder can only store a few pounds of hydrogen at about 2200 psi at best, and at high cost.

Other methods of hydrogen storage include the use of metal compound to adsorb and release the hydrogen. However, these methods and compounds are expensive in large volumes and will be too heavy for some applications.

SUMMARY OF THE INVENTION

A primary object of the present invention is to provide a hydrogen generator that will overcome the shortcomings of the prior art devices.

Another object is to provide a hydrogen generator that that will produce hydrogen without the need of electrolysis.

A further object is to provide a hydrogen generator that combines aluminum, hydride and water in one unit for simplicity.

A still further object is to provide an H2yGen hydrogen generator that uses an oval shape container and inner tray to separate or extract aluminium from water and hydride, which controls the gas.

Still another object of the present invention is to provide a hydrogen generator apparatus which comprises a component for making gas and a component for controlling the gas.

Another object of the present invention is to provide a hydrogen generator wherein aluminium powder and hydride is placed in a package that is made of membrane.

Yet another object of the present invention is to provide a hydrogen generator container apparatus that is provided with a cover having a LCD display and buttons to control the gas; and is secured to the container by four quick-release clamps. A safety relief valve is embedded in the cover as added safety.

Still another object of the present invention is to provide a hydrogen generator wherein the container apparatus holds water and the cover has a DC motor embedded in a sealed compartment, which is attached to a screw rod. The screw rod is screwed to a threaded bore in the center of an inner tray to raise and lower the inner tray within the container apparatus.

Another object of the present invention is to provide a hydrogen generator having a sensor in communication with a microprocessor chip to raise and lower the inner tray accordingly to maintain substantially constant pressure within the container apparatus by regulating the exposure of the aluminium pack to the water.

It is an object of the present invention to provide a compact, safe and efficient system for generating hydrogen on demand. These and other objects of the invention will become more apparent from the detailed description and examples that follow.

A still further object is to provide a hydrogen generator that can be upgraded, serviced, maintained, and cleaned easily.

Further objects of the invention will appear as the description proceeds.

The present invention overcomes the shortcomings of the prior art by providing an apparatus for generating hydrogen gas from a replaceable aluminium pack comprising an aluminium and hydride mixture encased in a breathable membrane that is raised and lowered into a fluid contained within an enclosed tank wherein contact with the fluid releases hydrogen gas from the aluminium. A pressure transducer and microprocessor chip are provided for monitoring and regulating the rate of hydrogen production by engaging and disengaging a reversible motor that raises and lowers an inner tray on which the aluminum pack resides accordingly.

The following detailed description is, therefore, not to be taken in a limiting sense, and the scope of the present invention is best defined by the appended claims.

DESCRIPTION OF THE REFERENCED NUMERALS

Claims

1. A hydrogen generator comprising:

a) a housing defining an interior tank;

b) a cover for said housing;

c) an aluminum pack comprising aluminum and hydride within a membrane;

d) a fluid disposed within said tank; and

e) means for selectively lowering and raising said aluminum pack into said fluid to regulate the production of hydrogen molecules.

2. The hydrogen generator according to claim 1, wherein exposure to said fluid acts as a catalyst for a chemical reaction releasing hydrogen molecules from said aluminum pack due to the disruption of the protective oxide film naturally formed on the surface of said aluminum and the fluid contacting said aluminum surface.

3. The hydrogen generator according to claim 1, wherein said means for raising and lowering said aluminum pack comprises:

a) a reversible motor disposed in said cover;

b) a threaded rod mechanically communicating with said motor; and

c) an inner tray with a threaded bore through which said threaded rod is inserted therein, said aluminum pack being placed on said inner tray.

4. The hydrogen generator according to claim 3, wherein said reversible motor derives its power from a nickel metal hydride battery.

5. The hydrogen generator according to claim 3, wherein said housing and said inner tray have an ovate configuration.

6. The hydrogen generator according to claim 3, wherein said aluminum pack has a central groove to accommodate said threaded rod when placed on said inner tray.

7. The hydrogen generator according to claim 1, further comprising means for monitoring and regulating the hydrogen output thereof.

8. The hydrogen generator according to claim 7, wherein said means for monitoring and regulating the hydrogen output comprises:

a) a pressure transducer for monitoring the pressure incurred by the production of hydrogen molecules within said tank; and

b) a microprocessor chip in communication with said pressure transducer which raises said inner tray and said aluminum pack from said fluid when the pressure approaches a pre determined high limit and lowers it accordingly to maintain hydrogen production within a predetermined range thereby making the unit self regulating.

9. The hydrogen generator according to claim 7, wherein said nickel metal hydride battery has a hydrogen inlet valve for chemically charging and replenishing the battery.

10. The hydrogen generator according to claim 8, wherein said cover further comprises manual control buttons and a digital display to enable the user to manually set the rate of hydrogen production within a predetermined range.

11. The hydrogen generator according to claim 10, wherein said manual control buttons and digital display provide means for reading and understanding the contents of the hydrogen generator.

12. The hydrogen generator according to claim 10, wherein said manual control buttons and digital display provide means for reading the water level without having to open said hydrogen generator.

13. The hydrogen generator according to claim 10, wherein said manual control buttons and digital display provide means for monitoring the hydrogen generator by way of a wireless communication device.

14. The hydrogen generator according to claim 1, wherein said cover is hermetically secured to said housing with a plurality of clamps.

15. The hydrogen generator according to claim 1, wherein said cover further comprises a safety relief valve to release pressure within said tank in the event it approaches preset high limits.

16. The hydrogen generator according to claim 1, wherein said cover

includes a hydrogen delivery hose for distributing hydrogen gas to the application.

17. The hydrogen generator according to claim 1, wherein said cover further comprises a nickel metal hydride battery to provide additional safety if power to the motor is unavailable during a high pressure situation.

18. The hydrogen generator according to claim 1, wherein said aluminium pack further comprises a snap on cover comprising a breathable membrane and a silicone edge.

19. The hydrogen generator according to claim 1, wherein said aluminium pack is replaceable once said aluminum is depleted and only a white alumina powder remains.

Referenced Cited

U.S. Patent Documents

3374052 March 1968   Fan et al.

7648540

January 19, 2010   Ramakrishna

Patent History

Patent number: 8864857

Type: Grant

Filed: Jul 26, 2011

Issued: Oct 21, 2014

Inventor: Harlo Mayne (Ironshore)

Primary Examiner: Kaity V. Handal

Application Serial: 13/191,089

"

Wie man der Patentschrift entnehmen kann, benötigt das Gerät von Herrn Harlo Mayne lediglich

- ein Package aus Aluminiumpulver und Hydriden (= wasserlösliche Materialien)... es stellt sich die Frage, welche?

- eine Membran

- Wasser.

Es stimmt nicht, dass er keine elektrische Energie benötigt, wie in einigen Blogs beschrieben. Aus seiner Patentschrift kann man entnehmen, dass er eine Batterie benötigt. Die braucht er schon alleine, um den Prozess zu steuern. Das Gerät erzeugt nach seinen Angaben nur Wasserstoff und keinen Sauerstoff.

Das Ergebnis seines Gerätes sind

- Hydrogen Charge Pressure: 0,1-0,5 MPa bei 10-25 Grad Celsius

- Hydrogen Discharge Purity: ca. 99,99%

- Hydrogen Discharge Flow-Rate: kleiner/gleich 8 Liter/Minute

- Environmental Temperature: 70 Grad Celsius

- Reichweite pro Tankfüllung: 300 miles (ca. 480 km) bei einem Fahrzeuggewicht bis 2000 pounds (ein englisches Pfund hat meines Wissens ein Gewicht von 454 Gramm, also einem Fahrzeuggewicht bis ca. 1 to)

Man kann derzeit im Netz keine Informationen finden, wie oft das "package" aus Aluminiumpulver und Hydride gewechselt werden muss, und welche Lebensdauer ein "package" hat.

Die nächsten Fragen für mich wären:

- Wie sieht es aus mit der Nettoenergiebilanz? Die Herstellung von Aluminium ist sehr energieintensiv.

- Welche Hydride kommen zum Einsatz?

- Wie energieintensiv ist die Herstellung der Hydride.

- Wie hoch ist der Ausstoß von CO_2 über die gesamte Kette- von der Förderung von Bauxit, dem Transport von Bauxit, der Umwandlung in Aluminium etc., solange noch Kraftwerke mit fossilen Brennstoffen betrieben werden.

- Dies gilt auch für die Herstellung der Hydride.

- Sind die Reaktionsstoffe nur Wasser oder fallen noch andere Abfallstoffe an?

- Wie toxisch sind diese Abfallstoffe?

- Sind die Abfallstoffe recycelbar?

- Wie hoch sind die Herstellkosten pro Liter Gas= Wasserstoff?

Also auch hier gilt die Forderung nach Grundlagenforschung und angewandter Forschung.

Herr Harlo Mayne beklagt sich über die mangelnde Förderung von Banken und staatlichen Stellen.

Diese Erfindung sollte doch alle Hersteller von Brennstoffzellen und Brennstoffzellenautos aufrütteln. Das Problem der Infrastruktur für die Wasserstofftankstellen entfällt.

Man könnte doch z.B. eine Mercedes B-Klasse mit der Technologie kombinieren. Auch eine Brennstoffzellenheizung oder -kühlung wäre mit dieser Technologie realisierbar. Doch vorher bedarf es einer Kosten-, Risiko- und Akzeptanzprüfung.

Anhang: Aluminium als Kraftstoff in Russland

Am 4. März 2015 wurde in der russischen Presse folgender Artikel veröffentlicht "Aluminium als Kraftstoff in Russland".

Herr Dipl.-Ing. Roman Kolesnikov übersandte mir aus Moskau die Übersetzung des Artikels:

"Artic Exploration erklärte eine der Prioritäten Russlands. Angesichts der extremen Bedingungen der Region brauchen wir eine radikal neue Technologie. Eine von ihnen bieten Wissenschaftler am Institut für Wärmephysik (IT),der Sibirischen Abteilung. Dies Technologie führt zu einer neuen Art von Kraftwerken für Schiffe, die durch die Nordostpassage fahren. Der Treibstoff ist Aluminium. Es wird in einem überkritischen Wasserreaktor verbrannt.

" Wasser wird auf 374 Grad Celsius erhitzt und einem Druck von mehr als 221 bar ausgesetzt", sagt Dr. Anatoly Vostrikis. Dr. Vostrikis ist Doktor der physikalischen-mathematischen Wissenschaften. "In solchem Zustand befindet sich Wasser (H_2O) in einer chemisch aggressiven Umgebung, in der die meisten Metalle oxidiert werden."

Aber was nützt Aluminium? Die Energieeffizienz ist ungefähr genauso hoch wie bei flüssigen Kohlewasserstoffen (also Benzin, Öl, Gas). Aber am wichtigsten ist, dass sich die Verlustleistung aus der Nutzung des Aluminiums von der Konkurrenz abhebt. Dies erhöht drastisch die Drehzahl der Antriebswelle, die für Schiffe in schwierigen Eisbedingungen erforderlich ist.

Weiterhin ist die Dichte von Aluminium dreimal größer als die von Kohlenwasserbrennstoffen. Dies führt zu einem viel kleineren Ladevolumen.

Darüber hinaus ist es eine umweltfreundliche Energiequelle. Die Verbrennungsprodukte sind Wasser und Wasserdampf. Warum benutzen wir derzeit noch nicht die Technologie der Aluminiumspäne statt Benzin, Öl oder Gas in großem Umfang? **Diese Technologie ist**

viermal teurer als die Öltechnologie.

Jedoch kann dieser Unterschied signifikant reduziert werden. Schließlich entfällt der Löwenanteil der Herstellungskosten von Aluminium auf die Kosten für den elektrischen Strom. Wäre dieser Preis geringer, würde der Preis von Aluminium deutlich fallen.

So sind die Kosten zur Herstellung des elektrischen Stromes in Island vergleichbar gering, sagt Dr. Anatoy Vostrikovs. Das Land befindet sich in einer Vulkanzone, Strom lässt sich preiswert aus Geothermie-kraftwerken gewinnen. In Russland gibt es ähnliche Regionen in Kamtschatka und auf den Kurilen - Inseln. Dadurch würden die Herstellungskosten für Aluminium sinken. Weitere Möglichkeiten können Kleinwasserkraftwerke auf den sibirischen Flüssen bieten."

Es gelang mir nicht, den Originalartikel runter zu laden. Ich will ihn aber gerne per Mail an Interessierte versenden.

23. BMW- Versuche mit der Wassereinspritzung

Am 10. März 2015 fand ich in der Frankfurter Allgemeinen Zeitung, SeiteT4 folgenden interessanten Artikel:

„BMW spritzt mit Wasser

BMW erprobt die Wassereinspritzung. Künftig sollen zum Benzin-Luft-Gemisch kleine Mengen Wasser in die Brennräume gespritzt werden.

Dadurch sinkt die Temperatur, was zu rund 8 Prozent mehr Leistung und weniger Kraftstoffverbrauch führen soll. Die Bayern wollen die Technik zunächst im Safety Car für den Rennsport erproben, dann in einigen Modellen ihrer M-Reihe. Hält der Versuch, was er verspricht, soll die Technik breiter ausgerollt werden. "

In meinem Buch "Energie aus Wasser- nur eine Vision?" und in den

Blog www.energieauswasser.blog.de bin ich bereits auf diese
Technologie eingegangen. Sie wurde bereits im 2. Weltkrieg verwendet,
um den Spitfire- Kampfflugzeugen kurzzeitig eine höhere Leistung zu
geben. Dies war eines der Geheimnisse dieser Kampfflugzeuge.

Die Amerikaner benutzten diese Technologie zur Zeit des
Vietnamkrieges. In der Startphase spritzte man zusätzlich Wasser in die
Motoren. Erst durch den Leistungsgewinn waren die Flugzeuge in der
Lage, mit der schweren Bombenlast abzuheben.

Man nutzte bei diesen Anwendungen die Thermolyse- also die
Wasserspaltung durch den Einsatz höherer Temperaturen. Im
Verbrennungsraum entstehen zum Zeitpunkt der Zündung
Temperaturen, die über 2000 Grad liegen.

Da Wasserstoff mit der Knallgasreaktion einen höheren Brennwert hat
als Benzin, Diesel, Kerosin führte dies zu einem Leistungsgewinn.

Wie oben erwähnt, erwartet BMW eine Leistungssteigerung von 8
Prozent.

Das oben genannte Verfahren ist noch weit entfernt von den
Möglichkeiten, die die HHO- Technologie ermöglicht: Den 100% Ersatz
von Benzin, Diesel, Gas, Kohle, Atomkraft durch Wasser mit seinen
Derivaten.

24. Vision und Wirklichkeit

Mich hat bisher von allen Technologien, die ich oben beschrieben habe,
der Lösungsansatz von Stanley Meyer am meisten überzeugt. Er
benutzte kein Aluminiumpulver, verbunden mit einer Hydridlösung wie
Harlo Mayne. Daniel Dingel wird nach meinem bisherigen Kenntnisstand
einen ähnlichen Ansatz gewählt haben wie Harlo Mayne. Im
Unterschied zu Mayne benutzte er eine andere Metall-Hydrid
Kombination.

Stanley Meyer gelang es, mit Hilfe der Resonanz mit hoher Energieeffizienz Wasser zu spalten und einen Motor zu betreiben. Er hat dieses Gas in seinen letzten Versuchen direkt in den Motor eingeführt. Es ist davon auszugehen, dass dabei Brown´s Gas eine wesentliche Rolle spielte. Denn Stanley Meyer führte beide Gase nach der Wasserspaltung wieder zusammen.

Dies erklärt auch, warum die Motortemperaturen weitaus geringer waren als bei der herkömmlichen Verbrennungsmotoren. Stanley Meyer hat auch Änderungen am Motorenmanagement vorgenommen, die er nicht veröffentlicht hat. Stanley Meyer hat zahlreiche Patente angemeldet und durchgesetzt. Die Patente sind inzwischen zum überwiegenden Teil abgelaufen.

Das Reaktionsprodukt seiner Versuche war allein Wasser. Dieses Wasser kann wieder rückgeführt werden, wie es mit hoher Wahrscheinlichkeit Prof. Dr. Yul Brown gemacht hat.

Dieser Ansatz wird der Elektromobilität zum Durchbruch verhelfen und auch der Brennstoffzellentechnik, die Daimler in der Mercedes B-Klasse ja erfolgreich realisiert hat. Nur das Infrastrukturproblem der notwendigen Wasserstofftankstellen ist bis heute nicht gelöst.

Die Kombination der Brennstoffzellentechnik mit einem Range Extender, der auf der HHO-Technologie beruht, kann ein Lösungsansatz sein.

Dies hat ja die Firma Genpax in Japan (www.genpax.co.jp) bewiesen. Doch keiner wollte deren Technologie.

Elektrofahrzeuge sind die Automobile der Zukunft, wenn sie Range Extender benutzen, die auf der HHO- Technologie beruhen.

Alle bedeutenden Hersteller wie VW, BMW, Daimler, Renault, Toyota, General Motors, Ford haben Milliarden Euros in die Entwicklung der Elektro- und Hybridfahrzeuge investiert. Doch der Markterfolg ist bis heute bei den meisten Herstellern ausgeblieben. Warum beteiligen sich nicht an der Erforschung der HHO-Technologie?

Das Gewicht der Elektrofahrzeuge wird sinken, das Reichweitenproblem ist gelöst. Das Infrastrukturproblem ist gelöst und auch das Kostenproblem. Diese Fahrzeuge können an jeder Tankstelle betankt werden. Der Tankvorgang wird genauso lange dauern, wie bei den herkömmlichen Fahrzeugen.

Warum greifen die Automobilhersteller nicht die Technologieansätze von Stanley Meyer und uns auf? Das ist bestimmt preiswerter, als 5000 Wasserstofftankstellen und mehr allein in Deutschland zu errichten oder tausende von Elektroladestationen mit hohen Ladedauern. Man spricht von mindestens 15 000 Elektroladestationen allein in Deutschland. (Zum Vergleich: In Deutschland gibt es derzeit (2015) ca. 14 400 Tankstellen. Der Tankvorgang ist zeitlich relativ kurz.)

Warum greifen Energielieferanten, wie die Mineralölindustrie nicht diesen Ansatz auf? Sie haben bereits die Infrastruktur, die benötigt wird. Sie ersetzen z.B. E10 durch Wasser mit seinen Derivaten. Sie verlieren keine Kunden. Sie mindern ihre Risiken, die mit der Exploration neuer Öl- und Gasfelder verbunden sind und dem Betrieb der Ölplattformen sowie Gasstationen.

Warum setzen die Energieunternehmen nicht auf diese Technologie?

Das ist doch bestimmt preiswerter als Hunderte von Millionen Verluste pro Jahr bei der Nutzung der herkömmlichen Kraftwerkstechnik zu realisieren.

Der Weg zu regenerativen Energiequellen Sonne, Wind und Wasser ist unumgänglich. Durch den Einsatz der LOTES- und HHO- Technologie werden diese regenerativen Energietechnologien grundlastfähig.

In vielen Technologiebereichen z.B. dem Verkehr haben wir den **dezentralen Ansatz** gewählt. Die Lichtmaschinen aller Autos in Deutschland haben heute eine höhere Nennleistung als alle Kraftwerke in Deutschland zusammmen inkl. der bereits vorhandenen regenerativen

Kraftwerke.

Die Natur macht es uns vor: Sie bündelt die Leistungen vieler Individuen, um etwas Großes zu schaffen. Die Natur zeigt uns den effizienten Einsatz von Wasser jeden Tag. Kein Mensch kann ohne Wasser leben, überleben. **"Small is beautiful"**, diesen Weg zeigt uns die Natur jeden Tag.

Darüber hinaus sind alle Kreisläufe in der Natur **geschlossene Kreisläufe**. Das Entsorgungsproblem ist gelöst: Abfallstoffe werden wieder verwertet. Sie werden dem Kreislauf wieder zugeführt.

„Aus Staub bist Du geboren, zu Staub wirst du wieder werden." Dieser biblische Spruch ist seit Tausenden von Jahren bekannt.

Vielleicht gibt es ja Bürger, Unternehmer, Banker, die diesen Weg mit uns beschreiten wollen. Ich habe immer geschrieben: Forschungsarbeiten auf dem Gebiet der LOTES- und HHO-Technologien sind unumgänglich.

Forschung hat immer mit Risiken, aber auch mit Chancen zu tun. Doch ohne Grundlagenforschung und Anwendungsforschung haben wir keine Zukunft, denn wir nehmen die Chancen nicht wahr. Alle neuen Technologien wurden anfangs belächelt. Doch eines sollten wir gelernt haben, den **Technischen Fortschritt kann keiner aufhalten.**

Wir alle reden von dem drohenden Klimawandel, der durch CO_2 und andere Treibhausgase - "green gases" verursacht wird. Die LOTES- und HHO- Technologie geben uns die Möglichkeit, diesen Klimawandel zu stoppen. Sie können ein Teil der Lösung sein.

Damit bin ich am Ende des zweiten Teils zum Thema **Energie aus Wasser**. Der erste Teile wurde ja als Buch und als E-Book bereits veröffentlicht: "**Energie aus Wasser- nur eine Vision?**".

Beide Bücher können z.B. über Amazon bezogen werden. Sie werden auch unter Neobooks als E-Book veröffentlicht. Vielleicht gibt es ja einen mutigen Verlegen, der diese Gedanken der Welt öffnet.

Im dritten Teil werde ich über neue Erfahrungen berichten- auch eigene Erfahrungen in Theorie und Praxis- Hardware und Softwarekomponenten-. Ich würde mich freuen, wenn viele Tüftler, Wissenschaftler, Praktiker mir über ihre neuen Erkenntnisse berichten.

Ich erinnere daran, dass alle physikalischen Regeln auf Modellannahmen beruhen. Im Experiment muss nachgewiesen werden, ob die getroffenen Annahmen richtig waren.

Der Klimawandel geht uns alle an, denn er bedroht unser aller Lebensgrundlagen.

Der Autor

Ich komme aus dem Bereich der Energietechnik, Energiewirtschaft. An der Technischen Hochschule Aachen (RWTH Aachen) habe ich Elektrotechnik und Wirtschaftsingenieurwesen studiert. An der Kernforschungsanlage Jülich, heutiges Forschungszentrum Jülich habe ich im Bereich Energie und Umwelt gearbeitet- Bereichsleiter Energie und Umwelt in der STE-. An der Universität Essen habe ich promoviert. Mein Doktor Vater war Prof. Dr. Thomas Bohn.

Er war Fachmann unter anderem auf den Bereichen Kernkraftwerke, Fusionsreaktoren und Kohlekraftwerke.

Somit habe ich als Ingenieur die gesamte Spannweite der Nuklearenergie, der fossilen Kraftwerke und der regenerativen Energien kennen gelernt. Als Ressortleiter/ Abteilungsdirektor Produktion Inland im Bereich des Zentralvorstandsvorsitzenden Herrn Dürr/ AEG war ich direkt mit dieser Technologie betraut.

Als Professor an der FH- Südwestfalen und früherer Rektor der Märkischen Fachhochschule mit dem Sitz in Iserlohn habe ich mit den

Arbeiten zur LOTES-TECHNOLOGIE begonnen. Diese Arbeiten setze ich jetzt mit der HHO-TECHNOLOGIE fort.

Danksagung

Hiermit möchte ich allen danken, die mich auf dem Weg zu einer emissionsfreien „Energieerzeugung" (physikalisch heißt das: Energieumwandlung) begleitet haben und begleiten:

Dipl.-Ing., Dipl.-Wirtschaftsing. Wolf Schneider, Prof. Dr. Martin Venhaus, Prof. Dr. Langbein, Frau Patentanwältin Ingrid Langbein, Prof. Dr.-Ing. Fred Schäfer, Dr.-Ing. Reinhold Spall, Bodo Schleede, Ass.jur. Arnulf Nortmann, Günter von der Fecht, Dipl.-Ing. Roman Kolesnikov, Dipl.-Ing. Detlev Friedriszik, Dr. Peter Schroeder, Arnold Dammers, Dipl.-Ing. Bernd Dietrich, Dipl.-Ing. Jürgen Poller, Dipl.-Ing. Winfried Willeke, Peter Gauchel, Dipl.-Ing. Heinz Plass, Dipl.-Kfm. Christoph Plass, Frau Theresia Maria Wuttke, Herr Dipl.-Ing. Giovanni Schirinzi, Herr Harald Ruoß, Herr Andreas Wieneke, Dipl.-Ing. Franz Josef Schulte, Dr.-Ing. Karsten Müller, Dipl.-Ing. Theo Knaus, Dipl.- Ing. Michael Thom, Dipl.-Ing. Artur Berger, Dipl- Ing. Eugen Lesser, Dipl.-Ing. Andreas Welschoff , Frau Dr.-Ing.Corinna Weber, Dr.med. Friedhelm Steinweg, Dr., Dr.h.c. Robert Mainberger, Frau Christel de Jong und meine zahlreichen ehemaligen Studenten, Kollegen und Mitarbeiter in der Werkstatt von der FH-Südwestfalen, Iserlohn.

Weitere Bücher des Autors:

TABU- Anna möchte leben
ISBN: 9781492217589
264 Seiten, Buch Preis: 9,58 Euro,
als E-BOOK: Preis: 4,99 Euro.
zu beziehen über Amazon und neobooks.

In diesem Buch geht der Autor auf die Abtreibungsproblematik in Deutschland ein. Wir treiben derzeit in Deutschland 274 Kinder pro Tag, ca.100.000 Kinder pro Jahr ab. **Ein jeder sollte wissen, dass wir in Deutschland nahezu jedes fünfte Kind töten.** Keiner spricht von denen, keiner schreibt über sie. Sie haben keinen Anwalt, kein Gericht. Unsere Gesellschaft verdrängt ihr Versagen – TABU.
Der Autor zeigt Wege auf, wie man ohne Änderung des § 218 die Zahl der Abtreibungen verringern kann.
Er fragt: Was muss unsere Gesellschaft tun, damit eine Frau ihrem Kind die Chance zum Leben gibt? Wie kann man ihr die Angst vor der Zukunft nehmen?
Viele betroffene Frauen haben in diesem Buch über ihre Erfahrungen und die Spätfolgen ihres Schwangerschaftsabbruches geschrieben.
Ein jeder von uns hat seine Sonnen- und Schattenseiten. Keiner von uns hat Recht, über den Anderen zu richten. **Lasset uns Nester bauen für diese Frauen und ihre Kinder, die geborenen und ungeborenen.**

Der Autor verweist auch auf das Buch von Theresia Maria Wuttke, einer anerkannten Tiefenpsychologin mit dem Titel

Yasmin liebt
ISBN 9781492952152
172 Seiten, Buch Preis 9,81 Euro, zu beziehen über Amazon
auch als E-Book bei E-Publi , Preis 2,99 Euro

Frau Theresia Maria Wuttke beschreibt eindrucksvoll die Gefühlslage einer jungen Frau mit dem Namen Yasmin. Obwohl sie einen starken Kinderwunsch hegt, kann sie ihr ungeborenes Kind zunächst nicht annehmen. Ihr Partner fordert sie auf, das Kind abzutreiben.
Es sind die einfühlsamen und psychologisch fundierten Gespräche mit der Nonne Lucida, die Yasmin ihren eigenen Weg finden lassen.
Yasmin nennt ihr Kind Simone. Das bedeutet: Von Gott gegeben.

Energie aus Wasser- nur eine Vision?
ISBN: 1493668064
Preis:9,63 Euro
auch als E-book: Preis 5,45 Euro
zu beziehen z.B. über Amazon

Sollte es wahr sein, dass wir Öl, Gas, Benzin, Diesel, Braunkohle,
Steinkohle, Atomenergie durch Wasser ersetzen können? Die Natur
macht es uns vor. Wir Menschen leben vom Wasser.
Ein Lösungsansatz kann die HHO-Technologie sein. Wir zerlegen
Wasser in seine Bestandteile Wasserstoff und Sauerstoff. Diese
beiden Gase führen wir wieder zusammen, und es entsteht ein
Gasgemisch mit einem sehr hohen Energieinhalt, das Brown´s Gas.
Dieses Gas hat einen fünf mal so hohen Energiegehalt wie Benzin, Gas,
Kohle. Mit diesem Gas können wir heizen, kühlen, produzieren, elektrischen
Strom erzeugen..
Unsere Autos tanken in Zukunft kein Benzin, Gas, Diesel mehr, sie tanken
Wasser mit seinen Derivaten. Dieses Medium wird on-board in HHO-Gas,
das auch Brown´s Gas oder Hydrooxygen genannt wird, umgewandelt.
Das Reaktionsprodukt ist Wasser, allein Wasser.
Die HHO-Technologie ist in den USA schon seit langem bekannt.
Der Autor zeigt in diesem Buch auf, dass diese Technologie
funktioniert. Sie ist revolutionär. Wir brauchen keine Kriege mehr zu
führen um Öl und Gas. Wir sind nicht mehr politisch erpressbar.
Die HHO-Technologie wird unsere Welt verändern.
Der Autor verweist auf die italienische Ausgabe.

Heinrich Reents – Giovanni Schirinzi
Energia dall´ aqua – solo una visione?
ISBN-10: 149968083X
Buchpreis: 10,49 Euro
E-Book: 7,74 Euro
zu beziehen über Amazon

Let´s flirt,
Die Flirtschule
ISBN: 1495364267
Buchpreis: 8,89 Euro
E-Book: 4,74 Euro
zu beziehen über Amazon

Die großen Probleme unserer Welt beruhen auf mangelnder Kommunikation
und Kommunikationsfähigkeit. Wir sprechen eine unterschiedliche Sprache-
nicht nur zwischen Mann und Frau-, auch zwischen Freund und Feind,
Unternehmen sowie Nationen – ein jeder von uns hat unterschiedliche
Wertvorstellungen.

Das Flirten umfasst nicht nur Menschen, sondern auch Produkte, Dienstleistungen, Innovations- und Geschäftsprozesse. Wie liebt ein Mann doch sein Auto, die Frau ihr Aussehen, ihr Outfit, der Ingenieur die neue Technologie, die Unternehmerin ihre Firma. Der Autor versucht, die Ursachen dieser Kommunikationsbarrieren zu ergründen und zeigt Lösungswege auf. Erinnert sei an die alte chinesische Weisheit: Der kürzeste Weg zwischen zwei Menschen ist ein Lächeln.

Theresia Maria Wuttke &Heinrich Reents
Cello trifft Bogen
Urfrau findet Urmann
ISBN 978-3-95802-441-1
Erschienen im J. Kamphausen Verlag
Hardcover: 19,99 Euro
Paperback: 14,99 Euro

Das Buch behandelt die Polarität in der Beziehung. Das Cello repräsentiert die Frau, der Bogen den Mann. Musik entsteht nur dann, wenn beide aufeinander treffen. Es ist die Reibung, die einen Ton, ein Konzert, eine Symphonie entstehen lässt. Das Buch beschreibt ein respektvolles und intelligentes Dialog-Modell für Männer und Frauen- eine unterhaltsame Lektüre über das schönste Thema der Welt. Ein Mann beschreibt aus seiner Sicht die Welt der Frauen und der Männer, eine Tiefenpsychologin beschreibt aus ihrer Sicht die Welt der Männer und der Frauen. Sie hat keine Angst, auf die TABUS und Missverständnisse zwischen beiden Welten einzugehen.
Wenn man das Bild der Urfrau und des Urmannes versteht, dann kann man sich auch auf unterschiedliche Entscheidungswege und Verhaltensweisen einlassen. Eine Frau wird immer anders Menschen führen als ein Mann. Wenn in unserer Männer dominierten Geschäftswelt, Männer versuchen, das zu verstehen, dann verringern sich die Kommunikationsprobleme nicht nur in der Partnerschaft, sondern auch in Geschäftsprozessen.